D1800142

Die Sehnsucht nach Wahrheit und Liebe
und was uns sonst noch
in den Himmel zieht

Themen aus der
spirituellen Arbeit

Anleitungen
zur Selbstbemeisterung

John Elissen

Ich danke für die freundlichen Abdruckgenehmigungen verwendeter Zitate:

Sri Nisargadatta Maharaj „Ich bin", J. Kamphausen in J. Kamphausen Mediengruppe GmbH, 1998

„Hermes Trismegistos - Erkenntnis der Natur und des sich darin offenbarenden Großen Gottes" sowie „Kybalion", Edis GmbH in Sauerlach bei München aus der „edition akasha"

Gedicht „Wie man Antwort von IHM erhält" aus dem Buch „Meditationen zur Selbstverwirklichung" von Paramahansa Yogananda, Self-Realization Fellowship, Los Angeles

Impressum

© tao.de in J. Kamphausen Mediengruppe, Bielefeld

1. Auflage (2016)

Autor: John Elissen

Umschlaggestaltung: Druckerei Schlüter GmbH, Dahlenburg

Printed in Germany

Verlag: tao.de in J. Kamphausen Mediengruppe GmbH, Bielefeld,
www.tao.de, eMail: info@tao.de

Bibliografische Information der Deutschen Nationalbibliothek:
Die Deutsche Nationalbibliothek verzeichnet diese Publikation
in der Deutschen Nationalbibliografie; detaillierte bibliografische
Daten sind im Internet über http://dnb.d-nb.de abrufbar.

ISBN Hardcover: 978-3-95802-964-4

ISBN Paperback: 978-3-95802-965-1

ISBN e-Book: 978-3-95802-966-8

Das Werk, einschließlich seiner Teile, ist urheberrechtlich geschützt.
Jede Verwertung ist ohne Zustimmung des Verlages unzulässig.
Dies gilt insbesondere für die elektronische oder sonstige
Vervielfältigung, Übersetzung, Verbreitung und sonstige Veröffentlichungen.

Inhaltsverzeichnis

Die Sehnsucht nach Liebe und Wahrheit ist eine Reise,
die nach innen führt.. 9
Vorwort 11
In jedem Missgeschick liegt ein versteckter Segen............. 15

Gott - die höchste Wahrheit
Gott - die höchste Wahrheit... 19
Ihn lieben.. 20
Was fehlt uns?... 23
Einheit - Symphonie des Lebens.................................... 24
Christus - Kraft der Söhne und Töchter......................... 25
Wer war der Größere - Jesus Christus oder Buddha? 27
Die Nachfolge Christi 28
Spirituelle Lehrer 29
Mit oder ohne Meister? 31
Schülerschaft.. 32
Engel als Helfer 35

Schulungsplanet Erde
Schulungsplanet Erde... 39
Wer sind wir und warum sind wir hier?......................... 41
Karma und Re-Inkarnation.. 42
Alles ist Reflexion.. 46
Zu Tod und Wiedergeburt... 47
Was ist meine Aufgabe?.. 48
Wer, wenn nicht ich? Wann, wenn nicht jetzt? 50
Leben auf zwei Ebenen 51
Der göttliche Strahl.. 52

Wege zum Ziel 54
Die Priorität des Indianers 56
Verheißung 58

Vom Tier zum Gottmenschen
Vom Tier zum Gottmenschen 60
Glauben 61
Frei von Schlafzustand und Hypnose 62
Seid gut und tut Gutes 63
Dankbar sein 65
Carpe momentum 67
Selbstverwirklichung 69
Diene deinem Nächsten 70
Helfen 72
Erfahrungen 75
Streben nach Wahrheit 77
Wachheit 80
Freiheit ist das höchste Gut 82
In der Akzeptanz liegt die Auflösung 83
Möchten - Wollen - Können - Dürfen 85

Meditation
Meditation 89
Beten 95
Mantram 97
Wir werden zu dem, was wir denken 99
Sehnsucht 100
Liebe 102
Weisheit 106
Mitgefühl 108
Vertrauen 110

Hingabe 113

Segnen 115

Gnade 117

Intuition 118

Vergib mir so, wie ich vergebe 120

Geduld 122

Das Ego

Ego - was ist das ? 127

Der heilige Krieg 132

Krieg und Frieden 133

Frieden 135

Der „böse" Nachbar 138

Die Kraft, die alle Wesen bindet… 140

Es ist immer die Mitte 142

Wer die Welt ändern will, muss sich selbst ändern 144

Ohne Reinigung kein geistiger Weg 146

Versuchungen und Prüfungen 148

Hochmut und Demut 149

Widerstand 152

Eine Welt voller Unwahrheit 153

Nicht der Weg ist schwer - das Schwere ist der Weg 156

Die Ursache des Unvermeidlichen ist die Ignoranz 158

Fanatismus 159

Ehrgeiz ruft Neid hervor und tötet die Güte des Herzens ... 162

Trägheit 164

Partnerschaft und Sexualität

Partnerschaft 168

Sexualität 170

Die Sehnsucht nach Wahrheit und Liebe
ist eine Reise,
die nach innen führt

Vorwort

Dieses Buch stellt nicht den Anspruch auf naturwissenschaftliche, theologische oder philosophische Korrektheit nach schulmäßigen Kriterien.

Es zielt ab auf die innere Zustimmung des Wahrheit suchenden Herzens und richtet den Fokus auf Selbsterkenntnis und die Notwendigkeit zu Veränderung und Überwindung des niederen Selbst.

Die Suche nach Liebe und Wahrheit ist eine Reise, die nach innen führt.

Im Laufe der Reise werden wir diese Qualitäten finden und entwickeln, d. h. von den vielen Schichten des Ego befreien. Allerdings ist dieses riesengroß und widersetzt sich jedweder Einschränkung mit erbittertem und listenreichem Widerstand. Jeder, der schon mal gute Vorsätze, gleich welcher Art, durchsetzen wollte, kennt das.

Um es gleich mal auf den Punkt zu bringen: Das Ziel wird nur mit der Auflösung des Ego erreicht durch schrittweises Ablegen und Auflösen aller Negativismen in uns. Das ist eine Sysiphus-Aufgabe, deren Erfolg wir als Selbstbemeisterung verbuchen dürfen. Dafür gibt dieses Buch Anregungen und Anstöße.

Mir klingt noch mein Meister in den Ohren mit den Worten: „Ihr wollt alle heilen, hellsehen, Berge versetzen, Wunder vollbringen und mystische Zustände erleben. All das ist möglich. Ihr müsst euch nur reinigen, dann fällt euch all dieses von selbst in den Schoß."

Reinigen – das hört sich nach Arbeit an und so ist es auch. Ohne tiefe Sehn- sucht nach Veränderung, ohne Bereitschaft zu

Opfern, zu Geduld und Ausdauer geht gar nichts. Die schnelle Nummer ist nicht möglich. Wir können nichts überspringen. Der eigene Einsatz bestimmt die Entwicklung. Wachwerden, Selbsterkenntnis, Dienst am Mitmenschen – hört sich toll an – ist aber nicht ganz so leicht zu verwirklichen. Das alles soll uns fordern – konsequent und langfristig. Nur der stete Tropfen höhlt den Stein, die immer wiederholte Anstrengung. Der rein intellektuell ausgerichtete Verstand, der stets Neues zur Unterhaltung braucht und übrigens auch sonst der Ober-Lobbyist für das Ego ist, wird möglicherweise schnell ermüden, sofern wir den Willen nicht aufbringen, ihm Beine zu machen. Wenn wir etwas erreichen wollen, müssen wir dranbleiben; solange, bis wir über Erkenntnis und Verstehen hinaus in die Handlung und in die Veränderung kommen - und das immer wieder und solange, bis das Tier in uns gezähmt ist, bis der Verstand unser Diener ist und nicht unser Herr. Und von Mal zu Mal, mit jedem kleineren und größeren Sieg über uns wächst diese Freude, in der wir dem Ziel wieder etwas näher gekommen sind.

Überall, wo der Meister erscheint,
öffnen sich die Ohren derjenigen weit,
die bereit sind für seine Lehren.

(Zitat „Kybalion")

„In jedem Missgeschick liegt ein versteckter Segen" *(Zitat Sri Nisargadatta)*

Im Alter von 53 Jahren stürzte mich ein Bandscheibenvorfall in eine tiefe Krise. Nichts ging mehr. Die Schmerzen waren entsetzlich, OP wollte ich nicht, Injektionen auch nicht, also habe ich kräftig gelitten.

Der Traum vom Selbstversorgerleben auf einer warmen Insel schien nach knapp vier Jahren ausgeträumt. Die Ziegen wurden verkauft, die Landarbeit übernahm ein bezahlter Gärtner. Das bisher traumerfüllte Leben war weder besonders spaßig, noch rechnete es sich – mittelfristig würde ein finanzielles Problem dazukommen.

Der Trost waren die Bücher. Die Fragen nach dem Sinn des Lebens waren drängender geworden. Ich fand erste Antworten bei den Anthroposophen, Mahatma Gandhi, den Mystikern und Heiligen des Mittelalters, den Yogis und Sufis und spirituellen Lehrern aller Zeiten und Völker.

Inspiriert begann ich, morgens und abends zu meditieren – zwang mich, 10 - 20 Minuten durchzuhalten: Still sitzen und immer wieder die nicht enden wollenden Gedanken unterbrechen, ausblenden, ignorieren – was nicht besonders gut gelang. Aber der Inhalt der Gedanken veränderte sich während dieser Meditationen schnell weg vom Alltagsgeschehen zu Philosophie und Spiritualität. Sporadisch betete ich, was ich 30 Jahre nicht getan hatte.

Ich suchte nach dem für mich richtigen Weg. Und ich kam den Ursachen meiner Krankheiten auf die Spur, wurde Vegetarier, hörte auf, Alkohol zu trinken, mied Partys und Hektik und fasste den Entschluss, an mir zu arbeiten.

Eines meiner Lieblingsbücher damals war Yogananda´s Autobiographie eines Yogi mit der Schilderung seiner Schulung durch seinen Meister Sri Yukteswar. Aber das war lange her, im weit entfernten Indien und las sich eher wie ein Märchen aus 1001 Nacht. So etwas würde es im Europa unserer Zeiten kaum geben.

Weit gefehlt! Meine Gebete um spirituelle Führung wurden erhört. Eines Tages, etwa zwei Jahre nach dem Bandscheibenvorfall, wurde ich überredet, einen Meditationslehrer aufzusuchen.

Schon während eines ersten Kontaktes wusste ich, dass ich meinen Lehrer gefunden hatte. Ihm gehört auf immer und ewig mein tief empfundener Dank für sein Beispiel und Vorleben, für seine Liebe und Geduld, für seine Strenge im Aufzeigen meiner Egostrukturen, für die Heilungen, die ich durch ihn erfuhr und für die Fülle an spiritueller Unterweisung, die mir zuteil wurde.

15 Jahre in seiner Nähe haben das Märchen aus 1001 Nacht wahr werden lassen. Das Missgeschick Bandscheibe hatte mir als versteckten Segen den geistigen Weg eröffnet.

Spirituelle Schulung existiert eben auch heute noch, mitten unter uns und hat nichts von ihrer Jahrtausende alten Kraft und Bedeutung verloren.

Gott - die höchste Wahrheit

Heilig ist Gott, der da will erkannt sein und von den Seinen erkannt wird.

(Hermes Trismegistos)

Gott - die höchste Wahrheit

Wenn wir lange und seriös genug suchen, verlieren wir jeden Zweifel.

Es gibt IHN, der ER und SIE ist, das All und das Eine, das Wahre, Schöne und Gute, Licht, Leben und Liebe. Es gibt diese seligmachende höchste Kraft, die wir Gott, Allah, Jehova, Rama, Manitou oder noch anders nennen, die nicht beschrieben und nicht erklärt, aber eben doch erfahren werden kann.

IHN, dessen Gegenwart gefühlt werden kann von uns – in uns – in jedem von uns. Der überpersönlich als „Ewiger Geist des Lichtes und des Guten" verehrt werden kann im Gebet, der als Vater-Mutter, Freund und Liebender persönlich erfahren wird in Meditation und Kontemplation. Der diese Welt der Erscheinungen im Geiste schuf, um von den Menschensöhnen und -töchtern erkannt zu werden in allen und in allem, was uns begegnet.

Dem wir uns getrost hingeben können in Glauben und Vertrauen mit allem, was wir sind.

Den die Hindus so treffend mit SAT-CHIT-ANANDA umschreiben, was SEIN – WISSEN – GLÜCKSELIGKEIT bedeutet oder – anders ausgedrückt: Ewiges Leben – Allumfassende Wahrheit – Anhaltende Seligkeit.

Den zu erfahren das größte Abenteuer ist für uns Menschen auf dem Weg zu höchster Selbstverwirklichung.

IHN lieben

Wir werden zu bedingungslos Liebenden, indem wir ein Liebesverhältnis mit IHM eingehen.

Die Mystiker und Heiligen aller Zeiten haben das vorgelebt. Das Hohelied der Bibel, der geistige Gesang des Johannes vom Kreuz, die Erzählungen um Krishna und seine Gopis, die Lieder Rumis, und viele Zeugnisse mehr handeln von nichts anderem.

ER ist das ALL, ist in allem und in allen. Wann immer wir bedingungslos lieben, wen oder was auch immer, dann lieben wir gleichzeitig immer auch IHN.

Und umgekehrt – wenn wir IHN und damit das ALL wirklich lieben, lieben wir alle und alles. Und immer empfangen wir SEINE Liebe zurück. Das macht die Liebe zu dieser unbesiegbaren Kraft.

Das beschert uns die Gottseligkeit, dieses großartige Gefühl, ein Liebender, eine Liebende zu sein.

Wenn wir je in unserem Leben verliebt waren, wissen wir, was ein beseligendes Hochgefühl ist. Und doch ist der Zustand von Gottseligkeit ganz etwas anderes: Ohne Beschränkungen, romantische Erwartungen, Adrenalinschübe, träumerische Blindheit, Verlustängste und Unbefriedigtsein, ohne Leidenschaft und doch voller Feuer. Dieser Zustand ist sanft, durchdringend, anstrengend aber nicht erschöpfend und unglaublich kraftvoll. Er ist anhaltend und zunehmend, während der romantischen Liebe früher oder später ein Abflachen, wenn nicht ein Ende sicher ist.

Der 3x große Hermes Trismegistos sagt unmissverständlich, dass der Weg zu IHM über die Gottseligkeit, die Selbsterkenntnis und den Dienst am Mitgeschöpf führt. In seinen Büchern finden sich wunderbare Beschreibungen dazu und u. a. auch folgende Zitate:

„Du musst dich zu einer unermesslichen Größe machen und von allen Leibern ausspringen, dich über alle Zeit erheben und die Ewigkeit werden, so wirst du Gott verstehen."

„Aber wirst du deine Seele im Leibe verschließen, dieselbe verkleinern und wolltest sagen, ich fürchte das Meer, in den Himmel kann ich nicht steigen, ich weiß nicht, wer ich bin, weiß auch nicht, wer ich sein werde: Was geht dich dann Gott an?"

„Wie geht das denn?" fragen wir und: „Ist das nicht reine Hybris?" Nein, ist es nicht, weil der Anspruch sich nur erfüllt durch Sehnsucht nach IHM, durch Liebe zu IHM. Das führt in die Gottseligkeit, die wir anstreben durch Liebenwollen, Reinigung, angstfreies Vertrauen, Streben nach Demut. Das ist es, was uns befreit und heiligt, wenn wir uns über unser niederes Selbst erheben.

„Setzt euch ein höchstes erhabenes Ziel", sagen die Meister uns Schülern, wärmt euch nicht nur am Feuer, sondern geht mutig durch das Feuer." Und sie geben uns Jahrtausende alte Übungen, die uns helfen, das Ziel zu erreichen.

„Wer nicht stirbt, eh´ er stirbt, der verdirbt, wenn er stirbt" präzisierte schon Meister Eckehart.

Das heißt, dass etwas in uns sterben muss, bevor der Körper den Löffel abgibt, wenn wir die Ewigkeit suchen. Was da sterben muss, ist die derzeitige Persönlichkeit - das Ego.

Und genau um diesen Kraftakt geht es bei der spirituellen Schulung. In solchem Streben erlangen wir die Vereinigung und Wiedergeburt in IHM – das ewige Leben – die Freiheit aus dem Rad der Reinkarnationen.

Die Liebe ist der eine Schlüssel dazu – die Erkenntnis der zweite, aber am Ende sind Liebe und Wahrheit eins.

Anfangs ist ER für uns etwas Abstraktes, total Unleibliches. Wie sollen wir also etwas lieben können, was sich der sinnlichen Wahrnehmung entzieht und „glauben" erfordert?

Dazu heißt es bei Hermes Trismegistos, dem „Meister aller Meister": „Er hat deswegen alle Dinge gemacht, dass du IHN sollst sehen .... dass ER sich durch ALLES offenbart."

Der Zugang dazu kann sich uns erschließen durch den Anblick der Schönheiten und Wunder der Natur, durch inspirierte Kunstwerke, Musik, Meditation oder durch die Gegenwart eines verwirklichten Menschen.

Wenn wir unsere Herzen davon berühren lassen, kann Gotteserkenntnis plötzlich in uns aufblitzen. Die wir dann mit Sehnsucht und Übung und Gnade allmählich erweitern dürfen auf ALLES in der Welt.

Erkenntnis wird Liebe und führt in die Einheit.

Was fehlt uns?

Diese klassische Frage der alten Heiler und Ärzte zu Beginn jeder Konsultation weist uns darauf hin, dass jede Krankheit Ergebnis eines Mangels ist, letztendlich eines Mangels geistiger Art.

Die äußeren Symptome bekämpfen wir mit Medikamenten, Ergänzungsstoffen oder mit dem Skalpell; aber der Mangel ist in der Essenz seelischen oder geistigen Ursprungs und muss dort behoben werden.

Wenn wir den Mangel benennen, fallen Begriffe wie Aufmerksamkeit, Zuwendung, Fürsorge – auf den Punkt gebracht, ist es immer ein Mangel an Liebe.

Daran fehlt es. Wir lieben nicht! Wir lieben uns selbst nicht, wir fühlen uns ungeliebt, wir sind unfähig, zu glauben, dass Gott uns liebt und logischerweise aufgrund dieser drei Mängel völlig unfähig, selbst zu lieben. Nicht , dass wir uns nicht verlieben könnten – aber bedingungslos und ohne Erwartungen lieben, was etwas ganz anderes ist, das können wir nicht.

„Trachtet zuerst nach Gottes Reich, dann wird Euch alles andere zufallen", spricht die Bibel. Das lässt sich als Anweisung für uns spirituell Suchende auch so ausdrücken: Trachtet nach Gottseligkeit, die aus Sehnsucht und Liebe zum Allerhöchsten erwächst, behebt damit jeglichen Mangel in Euch und werdet zu Liebenden.

Einheit - Symphonie des Lebens

Es gibt, vom absoluten Standpunkt betrachtet, keine Trennung, sondern nur Einheit - so die hermetische Lehre: Eine
Schöpfung, ein Sein, ein Leben; alles ist eins in dem All und
dem Einen, in der „substantiellen Realität", die allen Erscheinungen zugrunde liegt.

Dieses All erträumt das Schauspiel Schöpfung mit seiner
Vielfalt und Dualität, um sich selbst zu erkennen und um von
den Söhnen und Töchtern, die aus dieser Schöpfung und der
Schulungssubstanz Mensch heranwachsen, erkannt zu werden.

Wir Menschen sind in diesem Traum wie die Tropfen eines
geistigen Ozeans, die Lust auf ein Abenteuer bekamen und
sozusagen an der Oberfläche dieses Ozeans verdampften, um
in Materie verzaubert und ins Dasein gebracht zu werden für
unendlich viele Zyklen und in unendlich vielen, immer neuen
Formen und Auftritten, um schließlich gesättigt mit allen Erfahrungen und voller Selbst- und Gotteserkenntnis zum Ozean
zurückzukehren - und im selben Moment wieder eins zu sein
mit dem Ganzen.

„Die Welt wäre nicht dieselbe, wenn Du nicht in ihr wärest.
Du bist eine kleine Note in der großen Symphonie des Lebens."
Dieser wunderschöne Ausspruch des Sufimeisters Hazrath
Inayat Khan richtet sich an alles in der Schöpfung. Nichts darin
ist überflüssig oder verzichtbar. Kein Blatt fällt zufällig vom
Baum – alles ist Teil des einen Ganzen.

Christus - Kraft der Söhne und Töchter

Zu allen Zeiten, in allen Religionen und Völkern der Erde, schon vor Jesus von Nazareth und auch heute noch, hat es auf der Welt männliche und weibliche Träger der Christuskraft gegeben – die wahren Söhne und Töchter Gottes. Auf gar keinen Fall weniger Töchter als Söhne, obwohl diese mehr im Hintergrund blieben und weniger bekannt wurden.

Viele haben gänzlich unerkannt gewirkt, andere wurden bekannt als Propheten, spirituelle Lehrer, Weise, Mystiker und Meister, und einige ganz große Liebende und Religionsstifter wie Krishna, Buddha und Jesus werden bereits seit Jahrtausenden verehrt. Es waren immer nur wenige, und das ist bis heute so geblieben.

Jeder und jede einzelne von ihnen liefen Gefahr, geviertelt, gekreuzigt oder verbrannt zu werden. Heutzutage bedroht, diffamiert und verleumdet man sie immer noch.

Zu meinem Meister kamen Priester und Ordensschwestern, die von ihresgleichen und ihren Oberen gemobbt und unterdrückt wurden, wenn sie bestimmte mystische Erfahrungen offen aussprachen. Neid, Eifersucht, Dünkel und Angst sind da die Ursachen.

Im Gegensatz zu anderen Konfessionen haben sich die christlichen Kirchen schon immer schwer getan im Umgang mit ihren Mystikern und Heiligen. Es dauert Jahrzehnte bis Jahrhunderte bis zur Anerkennung und Heiligsprechung jener Personen, die das Volk längst als solche verehrt.

Die Christuskraft ist ein Potential, das in jeder menschlichen Seele schlummert und darauf wartet, geweckt zu werden.

„Nicht ich, sondern Christus in mir" - das ist die Selbstverpflichtung, aus der diese Kraft erwächst. Sie wird geweckt durch die Liebe zum Allerhöchsten, oder auch durch die Liebe zu einem Menschen, der Gott in sich verwirklicht hat. Reinigung, Erkenntnis, Liebe, Hingabe und Gnade öffnen unser Herz. Die Sohneskraft bzw. Tochterkraft offenbart sich durch Güte, Barmherzigkeit, Mitgefühl und beispielhaftes Handeln und Vorleben. Diese Kraft ist spürbar, wenn wir soweit sind, ihr zu begegnen, so, wie es in der Bibel über Jesus von Nazareth heißt: „Und es ging eine Kraft von ihm aus."

Diese Kraft ist es, die bis ans Ende aller Tage auch in uns ist und darauf wartet, von uns erweckt und entwickelt zu werden.

Wer war der Größere -
Jesus Christus oder Buddha?

Diese Frage stellte vor Jahren ein pensionierter Waldorflehrer meinem Meister und bekam zur Antwort: „So macht die Frage wenig Sinn. Sie müssen durch Ihn hindurch, eins mit IHM werden - das ist die Sache - für wen von den beiden Sie sich auch entscheiden."

Jesus Christus sagt in der Bibel: „Niemand kommt zum Vater, denn durch mich." Das hätte auch Buddha sagen können oder jeder andere große Sohn, oder jede der Töchter Gottes, die über diese Erde gewandelt sind.

Die Söhne und Töchter Gottes tragen in ihrem Herzen die Christuskraft, die sich durch Barmherzigkeit, bedingungslose Liebe und grenzenloses Mitgefühl offenbart. Und sie impulsieren diese Kraft in den Herzen derer, die sich ihnen auf ihrer Suche nach dem Vater-Mutter-Gott anvertrauen.

Und dass die Frage nach der Größe als solche sinnlos ist, wird sofort klar, wenn wir uns vor Augen halten, dass ein niedrigeres Bewusstsein niemals ein höheres Bewusstsein zu beurteilen vermag. Und dass ein schlichter Mensch durchaus auf einer wesentlich höheren Bewusstseinsstufe sein kann als ein Gelehrter. Die Meister sagen uns, dass es hoch entwickelte Wesen gibt, im Verhältnis zu denen wir Normalmenschen das Niveau eines Kriechwurmes haben.

Gotteskinder werden wir, wenn wir uns vertrauensvoll ausrichten auf das „Vater – Mutter, der Du bist in mir".

Zu Söhnen und Töchtern wachsen wir heran durch richtiges Tun und Lassen und Reinigung - durch unsere Suche nach Liebe und Wahrheit.

Die Nachfolge Christi

„Der geistige Weg", so sprach der Meister, „wird in unserer Kultur auch als Nachfolge Christi bezeichnet.

Wenn Er ein Kreuz zu tragen hatte, müssen auch wir bereit sein, das eine oder andere auszuhalten."

Also jammern wir nicht, wenn es mal dicke kommt und verlieren vor allem nicht das Vertrauen. Wir denken daran, dass wir bei allem, was passiert, immer nur uns selbst und unserem Lernprogramm begegnen. Wir lernen schneller und ändern uns bereitwilliger, wenn die Umstände nicht allzu kuschelig sind.

Wir bitten um harte Schulung und konsequente Forderungen und zucken nicht zusammen, wenn die Prüfungen dann tatsächlich in aller Härte und unerwartet kommen.

Es wird uns nicht mehr zugemutet, als wir ertragen können. Nichts kann übersprungen werden und jede dieser Prüfungen bietet die Chance, voranzukommen.

Der geistige Weg ist der Weg der Mutigen, die sich aufmachen, Liebe und Wahrheit zu finden und bereit sind, dafür einzutreten. Dazu müssen wir uns schulen, selbstlos, liebevoll und hilfsbereit zu sein, mit Freude und aus der Ehrlichkeit heraus.

Liebe ist immer mit Opfern verbunden und Wahrheit stößt überall auf Widerstand. So ist es. Es geht nicht billiger.

Spirituelle Lehrer

Erleuchtete hat es zu allen Zeiten gegeben - und es gibt sie auch heute noch - Propheten und Weise, Heilige, spirituelle Meister und Lehrer.

Erleuchtung ist allerdings selten. Die Meister sagen, dass auf jeweils 10 Mio. Menschen nur ein Weiser entfällt. Das macht rein rechnerisch bei 7 Milliarden Menschen weltweit 700, oder bei 80 Millionen Einwohnern in der BRD gerade mal 8 Erleuchtete.

Das Auftreten wahrer Meister ist frei von Anspruch und Selbstdarstellung; das Besondere an ihnen wird häufig nur von wenigen Menschen bemerkt, die schon des längeren auf der Suche sind und sich auf das Göttliche ausrichten. Allerdings fühlen sich fast alle Menschen von ihrer Gegenwart angezogen durch die Kraft und Liebe, die von ihnen ausgeht.

Meister im spirituellen Sinne ist jemand, der weit fortgeschritten ist auf der Suche nach Liebe und Wahrheit. Jemand, der sich selbst überwunden hat – sich seit vielen Inkarnationen entwickelt und selbst „bemeistert" hat und dieses durch Liebe, Wahrheit und gelassene Heiterkeit in all seinem Tun und Handeln zum Ausdruck bringt. Und das durch Vorleben in erster Linie anstelle von Vorsagen.

Jemand, der nie seinen Vorteil sucht, ganz sicher nicht missioniert, frei von Fanatismus und Vorurteilen jedweder Art ist.

Jemand, der hilft, wenn die Lage es erfordert oder wenn er darum gebeten wird, wobei durchaus ein „Nein" die Hilfe sein kann, die in diesem Moment ansteht.

Die Meister, die die wahren Helfer sind, machen immer frei, niemals abhängig. Schüler, die zu Anhängern werden, werden von ihnen fortgeschickt. Sie schauen uns auf den Grund unserer Seele und lesen in uns wie in einem offenen Buch. Sie entzünden die Sehnsucht und die Liebe in uns und machen uns auf für Selbsterkenntnis und Veränderung.

Sie helfen uns bei mystischen und übersinnlichen Erfahrungen, und zeigen, wie man sich schützt vor schwarzer Magie und dämonischen Kräfte. Sie vermitteln uns die geeigneten Werkzeuge wie Meditation, Atemtechnik, Übungen, Formeln. Die Meister können uns viel abnehmen – schon eine einmalige Berührung kann Wunder wie Veränderung und Heilung in uns bewirken. Sie weisen die Richtung – marschieren müssen wir selbst.

Unterhalb der Ebene höchster Meisterkräfte, so wie sie z. B. durch Buddha oder Jesus Christus offenbart wurden, gibt es auf allen Stufen spirituelle Lehrer und Gurus, die uns auch weiterbringen können. Ihr Vorleben muss uns beispielhaft erscheinen, ihre Liebe uns anrühren, unser Herz und Verstand müssen immer wieder ja! sagen zu allem, was von ihnen kommt; denn nur dann haben wir das volle Vertrauen und die Entsprechung gefunden, die uns lernen und fortschreiten lässt.

Und als Trost für alle, die noch hoffen auf einen ihnen entsprechenden Lehrer: Der immer gegenwärtige Lehrer ist das tägliche Leben, die Auseinandersetzung mit dem Alltag, dem Umfeld, dem Partner. Durch Zurücknahme alles Eigenen, durch liebevolle Zuwendung und Verständnis für alle anderen, durch Gewahrsein und Hilfsbereitschaft aktivieren wir unseren inneren Meister, das Gotteskind in uns, das zum Sohn oder zur Tochter heranwächst.

Mit oder ohne Meister?

Die Frage, ob wir einen Lehrer brauchen, muss für diejenigen, die sich entschließen, durch das Feuer zu gehen, mit JA beantwortet werden.

Ausnahmen sind vielleicht hochentwickelte Seelen, die schon viel mitgebracht haben aus vorherigen Inkarnationen. Sie haben Möglichkeiten, sich mental von höheren Kräften führen zu lassen.

Für alle anderen gilt: Das Raubtier in uns springt ohne Dompteur nicht durch den Feuerring. Diese Bestie – das intellekt- und instinktgesteuerte EGO – versteht es, sich auf das Subtilste immer wieder neu zu behaupten und durchzusetzen und hat fast die ganze Welt zur Unterstützung auf seiner Seite. Es widersetzt sich mit aller Kraft seiner Zerstörung und nutzt das geringste Nachlassen an Wachheit, Ausdauer, Selbstkontrolle für sich aus.

Solange wir ein Ego haben, oder auch nur ein Rest-Ego, stehen wir dicht am Abgrund. Sogar der hochentwickelte Lehrer bleibt gefährdet, wie die Geschichte beweist.

Das ist kein Grund zur Entmutigung derer, die ihren Lehrer bisher nicht gefunden haben. Durch richtiges Handeln, durch Arbeit an uns selbst, durch Meditation und Hilfsbereitschaft können wir ganz viel „abhaken" und die Voraussetzungen dafür schaffen, irgendwann dem passenden Lehrer zu begegnen.

Dazu Zitat „Kybalion": „Wenn die Ohren des Schülers bereit sind zu hören, dann kommen die Lippen, sie mit Weisheit zu erfüllen."

Schülerschaft

Mit oder ohne Lehrer – wir bestimmen immer selbst, ob wir Schüler und damit Lernende sein wollen.

Viele Suchende wollen sich am Feuer nur wärmen. Es darf geheimnisvoll und mystisch zugehen, soll aber bitte kuschelig und ohne große Anstrengung bleiben. Das ist durchaus möglich – nur ist es längst nicht alles, was wirklich möglich ist, wenn wir zu den wenigen gehören wollen, die zielgerichtet durch das Feuer gehen.

So „trendy" es heutzutage auch sein mag, vor aller Welt auszubreiten, dass wir einen Guru oder Lehrer haben – für uns ist Schülerschaft etwas, das eigentlich nur uns selbst angeht und unseren Meister – im Mentalen und im Grobstofflichen.

Wenn wir Ihm begegnen, werden wir etwas Besonderes im Herzen spüren, was uns veranlasst, weitere Begegnungen zu suchen. Und wenn das Gefühl anhält und wir Vertrauen aufbauen, wäre das eventuell der Beginn einer Lehrer-Schüler-Beziehung.

Oder wir sind überwältigt von den Aussagen der großen Lehrer und Heiligen vergangener Zeiten: Jesus, Buddha, Pythagoras, Meister Eckehart, Hildegard von Bingen, Therese von Lisieux, Johannes vom Kreuz und vielen mehr. Die intime Beschäftigung mit ihnen könnte uns in die Nachfolge und in die Schülerschaft führen.

Wenn wir soweit sind, werden wir um Annahme der Schülerschaft bitten und, falls wir angenommen werden, wird man uns die Annahme bestätigen.

Durch unser Tun ab diesem Moment bestimmen wir selbst,

ob wir der Schülerschaft würdig sind und ob wir Schüler bleiben.

Wir werden Fehler machen, Rückschläge erleiden, Pausen benötigen. Das alles dürfen wir – es gehört dazu.

Erst der wiederholte Fehler ist ein Fehler. Und bei manchen unserer Strukturen braucht es ein tausendfaches Fallen und entsprechend auch den tausendfachen Entschluss, diesen Fehler nicht mehr zuzulassen. Irgendwann ist damit verbundenes Leiden oder Abscheu so unerträglich geworden, dass ein wirkliches Wollen das Möchten ersetzt, was dann zur Zielgeraden wird.

Die Voraussetzungen für unseren Weg sind Geduld und Ausdauer, Vertrauen und Bereitschaft zur Reinigung. Und Anstrengungen, uns ein günstiges Umfeld zu schaffen durch Umgang mit reinen Menschen, (bzw. Menschen, die Reinheit anstreben wie wir) an einem reinen Ort, durch reine Nahrung, wenig Zerstreuung und weniger Wunscherfüllung im Äußeren.

Bitte alles mit Augenmaß, ohne Fanatismus und Sektiererei und ohne unsere Umgebung vor den Kopf zu stoßen. Es könnte allerdings sein, dass das eine oder andere, was mit uns zu tun hat, einer Verabschiedung oder grundsätzlichen Veränderung bedarf – nämlich dann, wenn die gegebenen Umstände unsere spirituelle Ausrichtung ernsthaft gefährden.

In der Öffentlichkeit ist unser Auftreten sauber, freundlich, hilfsbereit und ohne Selbstdarstellung. Dass man meditiert, an sich arbeitet, anderen hilft, muss nicht alle Welt wissen und darf obendrein die anderen nicht einschränken. „Licht und Fernseher aus und Ruhe bitte – ich meditiere jetzt!" wäre wenig hilfreich und würde Unverständnis und Unfrieden bewirken.

Wenn wir uns dann allmählich ändern und liebevoller, um-
sichtiger, angstfreier, wahrhaftiger werden, ziehen wir unsererseits immer mehr das Reine und Positive an.

So arbeitet die geistige Reflexion. So sieht der Lohn wahrer
Schülerschaft aus.

Engel als Helfer

„Denn ER bietet seine Engel für dich auf, dich zu bewahren auf allen deinen Wegen. Auf ihren Händen tragen sie dich, dass du deinen Fuß nicht an einen Stein stoßest."

Diese Worte hat der Psalm 91 für den Suchenden.

Die Kräfte sind immer da und wollen, wie alle und alles im Dasein, wahrgenommen werden.

„Beachte mich mehr", hatte einst der Erzengel Michael meinem Meister auf seine Frage entgegnet, wie er sich mal revanchieren könne, nachdem Michael schon so viel für ihn getan habe.

Und tatsächlich – wenn wir die Kräfte beachten, wenn wir sie zu unseren Begleitern in allen Lebenslagen machen, dann sind sie immer da. Wir spüren ihre Hilfe ganz deutlich. Unser Schutzengel wird zum Freund und Begleiter im Auto und auf Reisen, hilft in haarigen Situationen und bei Unfällen, bei kritischen Gesprächen mit Behörden oder Vorgesetzten, bei der Suche nach einem Arbeitsplatz, sogar bei der Parkplatzsuche, beruhigt unsere Tiere beim Tierarzt, unterstützt unseren Hausarzt bei der richtigen Diagnose für uns - ist in allen Bereichen des Lebens für uns da. Wir müssen ihn nur bewusst anrufen und um Hilfe bitten.

Gleich zweimal hatte ich ein starkes Erlebnis bei der Bekämpfung von Flächenbränden, der eine ausgelöst durch eigene Unachtsamkeit, der andere Jahre später durch Funkenflug von Werkzeugmaschinen. In beiden Fällen waren Wohngebäude von den Flammen bedroht, beide Male war die Situation kritisch, ja aussichtslos, und beide Male kam die Hilfe des Engels spontan im Moment der Anrufung. Beim ersten Feuer hörte schlagartig der Wind zu wehen auf, der zuvor die Flammen angefacht hatte und zwar solange, bis das Feuer unter Kontrolle war. Beim zweiten Mal drehte der Wind ohne ersichtlichen Grund um 90° und trieb das Feuer von den Häusern weg.

Unmittelbar vor einer gefährlichen Notfalloperation, zu der ich per Rote Kreuz-Flieger eingeflogen wurde, ließ mein Meister mir ausrichten: „Mach dir keine Sorgen. Heerscharen von geistigen Helfern stehen zur Verfügung. Verbinde dich und alles wird gut."

So war es dann auch. Die geistige Hilfe war spürbar und kraftgeladen, die professionelle Hilfe perfekt – das Hospital wurde zum freundlichen Ort. Alles war gut!

Engel sind machtvolle Wesen und haben nichts mit den niedlichen Posaunenengeln zu tun, die man so häufig abgebildet sieht.

Natürlich sind wir immer auch selbst gefordert. Wenn wir phlegmatisch und unachtsam sind, unsere eigenen Möglichkeiten nicht ausschöpfen, können wir nicht erwarten, dass die geistigen Kräfte unsere Arbeit tun. Und wir müssen jedes Mal die Hilfe erbitten und können nie davon ausgehen, dass sie automatisch erfolgt.

Wenn wir zu faul sind, uns beim Fahren anzuschnallen und gleichzeitig den Schutz unseres Engels für die bevorstehende Fahrt erbitten, kann die Hilfe kaum umfassend sein.

Genauso müssen wir zum Arzt gehen, bevor wir die geistige Welt oder die Meister um Heilung bitten. Und auch wenn wir beten, um einen bestimmten Job zu bekommen, liegt es immer noch an uns, eine ordentliche Bewerbung zu schreiben.

Hilf dir selbst, dann hilft dir Gott - das ist die Grundregel, auch im Umgang mit Seinen Engeln.

Schulungsplanet Erde

Der Kampf der Gottseligkeit aber ist
Gott erkennen
und keinem Menschen Unrecht tun

(Hermes Trismegistos)

Schulungsplanet Erde

Die Erde ist ein Schulungsplanet für „Gottes eigene Substanz".

Das Erdendasein setzt uns der Polarität aus: Mann – Frau, Licht – Dunkelheit, Armut – Reichtum usw.

Wir inkarnieren immer wieder, um all dieses schmerz- und lustvoll zu erfahren und dabei zu lernen, uns auf Liebe und Wahrheit auszurichten durch die immer drängenderen Fragen: „Wer bin ich?" und „Warum bin ich hier?"

Die Schulung läuft ab wie ein Theaterstück, welches der göttliche Regisseur für uns inszeniert hat. Das Stück nennen wir „Leben".

Jeder bekommt die Rolle im Leben, die ihm zusteht, die er sich in vergangenen Leben „erarbeitet" hat, im Guten wie im Bösen. Und jeder bekommt die Chance, durch Erkenntnis und richtige Handlung den Verlauf seiner Rolle zu verändern, zu verbessern oder zu verschlechtern, was dann als gutes oder schlechtes Karma das weitere Leben bestimmt.

Das gilt für jeden, den Nobelpreisträger wie den Ungebildeten, den Präsidenten wie den Hilfsarbeiter, den Millionär wie den Obdachlosen.

Solange wir nicht durchschauen, dass alles nur Theater – also Illusion – ist, bleiben wir Gefangene dieser Rolle ohne die Aussicht, die Regie für uns selbst zu übernehmen. Ein Durchschauen-Wollen, das sich als Sehnsucht nach etwas ganz anderem in unserem Herzen manifestiert, kann erst beginnen, wenn wir alles gehabt haben, was das Erdenleben an Erfahrungen zu bieten hat, wenn wir wohlhabend und arm, gesund und krank, verfolgt und behütet, usw. gewesen sind; und in zahlreichen Erdenleben das geworden sind, was man eine „alte Seele" nennt.

Erst dann werden wir uns nach unserem wahren Zuhause, nach unserem Ursprung, nach Gott sehnen.

Erst dann beginnen wir, die Illusion zu durchschauen und erkennen, dass wir uns ent-wickeln und frei machen müssen von allem, was uns in dieser Welt so fasziniert und gefangen hält.

Erst dann werden wir zum Beobachter und übernehmen die Regie für all unser Tun. Und, wenn wir dranbleiben, erschließen sich uns die Antworten auf die oben gestellten Fragen, und wir erreichen irgendwann das „Klassenziel" der Erdenschulung.

Wer sind wir und warum sind wir hier?

In unserem Urzustand, in der Einheit mit Gott, als Teil von IHM sind wir in einem unsterblichen und anhaltend glückseligen Zustand.

Wir kennen gar nichts anderes, können sozusagen diesen glückseligen Zustand nicht wirklich würdigen.

Erst durch Geborenwerden in eine Welt der Trennung und Dualität konfrontieren wir uns mit Gegensätzlichkeit, die uns mit Hass, Dunkelheit, Krankheit, Angst, Lüge und Tod bekannt macht.

Insbesondere der Schulungsplanet Erde gibt uns die Möglichkeit, alle Höhen und Tiefen von Freud und Leid zu durchleben, um nach unzähligen Erfahrungen und Inkarnationen irgendwann gesättigt den Ruf zur Rückkehr zu vernehmen - und dann einen anhaltenden Kraftakt machen zu wollen und zu müssen, um uns aus dem Rad der Wiedergeburten zu befreien.

Dazu müssen wir all unser Karma auflösen, das gute wie das weniger gute, müssen aller Selbstsucht und allen Verlockungen des Erdenlebens entsagen.

Wir bemühen uns um Selbst- und Gotteserkenntnis und um den Dienst am Mitmenschen und allen Mitgeschöpfen.

Irgendwann sind wir dann reif für die Erfahrung, die Meister Eckehart so ausdrückt: „Wenn die Seele erkennt, dass sie Gott erkennt, erkennt sie sich selbst und Gott zugleich."

Mit erweitertem Bewusstsein kehren wir in unseren Ursprung zurück. Der verlorene Sohn, die verlorene Tochter sind wieder zuhause.

Karma und Re-inkarnation

Um einen ausschließlich liebenden, absolut guten und gerechten Gott anzunehmen, benötigen wir das Verständnis der Lehre von Karma und Wiedergeburt.

Diese Lehre behauptet, dass jedes Wesen die Folgen seines eigenen Denkens, Fühlens, Wollens und Handelns erfährt. Alles bewirkt Reflexion – nicht nur der Spiegel lächelt zurück, wenn wir ihn anlächeln.

Karma ist Ursache und Wirkung und unsere Wiedergeburt in zahllosen Inkarnationen eine Folge davon. Die Auflösung des Karmas geschieht durch Veränderung, Reinigung, Lassen, durch Ablegen aller Egostrukturen. Der Prozess der Auflösung beginnt mit der Selbsterkenntnis, sofern dieser Erkenntnis die Handlung und damit die Veränderung folgt.

Nur - solange es uns gutgeht, sehen wir in der Regel keinen Grund, uns zu ändern. Erst, wenn unserem vielfältigen Fehlverhalten (welches uns „schlechtes Karma" beschert) dann Schmerz, Krankheit, Unheil und Verdruss in irgendeiner Form entgegenschlägt, denken wir darüber nach. Und wenn wir zu dem Schluss kommen, dass das Weitermachen schmerzhafter als das Aufhören ist, dann stellt sich Bereitschaft zur Änderung ein.

An diesem Punkt im Leben dürfen wir erkennen, dass Seine Liebe und Seine Gerechtigkeit es sind, die sich im Karma ausdrücken, um uns aus unseren Fehlern lernen zu lassen. Wenn wir dann endlich verstanden haben, dass wir Menschen es sind, die die Verantwortung für alle, auch die entsetzlichsten, Taten, Zustände und Geschehen auf Erden tragen, dann entfällt ein für alle Male die Frage, wie ein liebender und gerechter Gott dieses oder jenes oder überhaupt alles zulassen kann.

Unser augenblickliches Schicksal ist Widerspiegelung unseres Tuns in der Vergangenheit dieser und vorangegangener Inkarnationen.

Unser augenblickliches Handeln beeinflusst unser künftiges Schicksal. Daraus folgt, dass wir mit allem Guten, was wir tun, unsere Lebensumstände begünstigen und andererseits für alles Schlechte und Negative büßen müssen.

Die Folgen vergangenen Tuns müssen wir tragen, haben es aber in der Hand, wie es uns in Zukunft ergehen soll, indem wir uns im Sinne der Worte von Buddha selbst erziehen:

„ Seid gut und tut Gutes !"

Wir tragen - ob wir wollen oder nicht – tatsächlich die Verantwortung für all unser Tun und Nicht-tun, für jeden Gedanken, jedes Gefühl, jede Annahme oder Ablehnung, jede Regung von Sympathie und Antipathie.

All das erzeugt Karma – gutes wie schlechtes.

Es hat alles mit unserem Karma zu tun – ob wir im Lotto gewinnen oder gerade pleite gehen, ob wir einen Wellness-Urlaub genießen dürfen oder gerade eine Haftstrafe abbüßen, ob wir mit unseren Nachbarn freundlich verkehren oder gerichtlich, ob wir gesund oder krank sind, schön oder hässlich, arm oder reich, berühmt oder unbedeutend, auch ob wir vom Blitz getroffen werden oder von Randalierern Prügel beziehen.

Der betrunkene Autofahrer, der uns anfährt, hat seine eigenen Probleme mit Alkohol und seinem Karma; aber, dass er ausgerechnet uns anfährt, hat mit uns zu tun und einer Ursache aus diesem oder vergangenen Leben. Das gilt dann auch für das vermeintlich unschuldige Kleinkind, das vom Hund angefallen wird, oder das vergewaltigte Mädchen.

Und es gilt für alle Täter und Opfer, für Menschen als Einzelne, Gruppen und Nationen weltweit, für Kriege, Hungersnöte, soziale Missstände wie auch für Glück, Frieden und Wohlstand.

Wir alle sind immer und unter allen Umständen aufgerufen, mit Mitgefühl bzw. Mitfreude – also mit Empathie – und mit Hilfsbereitschaft zu reagieren. Wenn wir voller Kritik und Besserwisserei zynisch, gleichgültig, lieblos oder neidisch reagieren, wirkt sich das sofort auf uns und unser Karma aus.

Dabei ist Karma absolut gerecht, man könnte sagen: Unbarmherzig. Aber es gibt auch die Gnade. Und unsere Meister sagen uns, dass diese erzwungen werden kann durch konsequent richtiges Handeln. Sogar der Mörder kann durch Reue und Veränderung Gnade für sich erwirken.

Wenn wir uns auf den geistigen Weg einlassen, seriös und voll und ganz, entfällt das Zufallsprinzip für uns. Wir werden geführt und alles, was uns passiert, ist richtig für uns, ist Schulung, weist uns darauf hin, was wir zu lernen haben und was wir ändern müssen. Unvermeidliches, noch so Hartes muss akzeptiert werden; alles Gute, Freude und Fülle ebenso, allerdings mit der Verpflichtung des Weitergebens und Teilens.

Wir haben viel gutes Karma angesammelt über viele Inkarnationen, wenn es uns normal gutgeht in diesem Leben. Wenn wir in einem Teil der Welt leben, in dem Frieden und Wohlstand überwiegen. Wenn wir relativ gesund und nicht behindert sind. Wenn wir zu essen und zu trinken haben. Wenn wir Arbeit haben, Familie, Freunde, Urlaub und was sonst noch zum „normalen" Leben gehört.

Doch auch gutes Karma muss aufgelöst werden, wenn wir uns nach dem wahren Zuhause sehnen und weitere Inkarnationen ausschließen wollen. Dann müssen - oder besser gesagt

- dürfen wir konsequent lassen, bis all unser Wollen und Nicht-wollen – letztendlich alle Gier und aller Hass – einer Akzeptanz des Seins in Liebe, Gelassenheit und Heiterkeit weichen.

Wenn wir das wirklich wollen und es durch unsere Anstrengungen zeigen, bekommen wir alle Hilfen der geistigen Welt, um uns schrittweise von allem Karma zu befreien.

Und mit jedem dieser Schritte wachsen in uns Vertrauen, Sehnsucht, Liebe, Zuversicht.

Alles ist Reflexion

Lächeln wir unser Spiegelbild an, lächelt es zurück. Fletschen wir die Zähne, zeigt es uns die Zähne.

So einfach ist das, und die Welt ist nichts anderes als unser Spiegelbild.

So, wie Du vergibst, wird Dir vergeben.

So, wie Du gibst, wird Dir gegeben.

So, wie Du liebst, wird Dir Liebe zuteil.

So ist es; möglicherweise zeitversetzt, manchmal sofort und manchmal erst Jahre oder Leben später – so wie unser Karma das verlangt.

Alles, was uns in dieser Welt begegnet, spiegelt unser eigenes Tun wider. Wissenschaftlich belegt ist die Theorie, dass ein Ball, den wir in den Weltraum schleudern, irgendwann zu uns zurückkehrt.

Genauso ist es mit der Ohrfeige, der Beleidigung, der Kritik, dem Mangel an Mitgefühl, der Hilfeverweigerung. Und andererseits genauso mit der Liebe, Großzügigkeit, Toleranz, Freundlichkeit und Hilfsbereitschaft, die wir aufbringen.

Wir – und das gilt für jeden Menschen – haben damit die Macht, selbst zu bestimmen, wie es uns in Zukunft ergehen soll.

Zu Tod und Wiedergeburt

Physischer Tod
Wer nicht stirbt, eh´ er stirbt,
der verdirbt, wenn er stirbt.

(Ekkehart)

Spiritueller Tod
Wer mich sucht, der findet mich. Wer mich findet,
der erkennt mich. Wer mich erkennt, der liebt mich.
Wen Ich liebe, den töte Ich.

(Indische Weisheit)

Tod und Wiedergeburt in Gott
Als die Liebe mich berührte, war ich zu schwach,
um sie zu halten.
Viel später berührte sie mich wieder – da bin ich gestorben,
denn ICH war stark.

(Meisterspruch)

Wenn die Seele erkennt, dass sie Gott erkennt,
erkennt sie Gott und sich selbst zugleich.

(Ekkehart)

Was ist meine Aufgabe?

Diese Frage stellte ein Mitschüler einst nach einer langen Meditation unter sternenklarem Himmel, zu der uns der Meister eingeladen hatte. Wir alle liebten diese warmen Sommernächte, den wundervollen Frieden, der uns nach der Meditation einhüllte und die Stimme des Meisters, der bereitwillig und geduldig unsere nicht immer klugen Fragen beantwortete.

„Ihr wollt alle hören", so sagte er in diesem Fall, „dass der liebe Gott mit euch etwas ganz Besonderes vorhat. Ihr wollt gerne spirituelle Lehrer, Heiler, Propheten oder Weise sein. Und tatsächlich tragt ihr das Potential dazu in euch.

Ihr müsst lediglich erkennen und akzeptieren, dass ihr selbst eure Aufgabe seid, dass ihr lassen müsst, euch reinigen müsst von den Begrenzungen der Persönlichkeit – euch ent-wickeln müsst. Dann stellt sich all dieses und noch viel mehr ganz von selber ein."

Allerdings sind Selbsterkenntnis und Selbstüberwindung mit der Zielsetzung, Liebe und Wahrheit zu finden und in die Einheit mit Gott zu kommen, nicht so ganz einfach zu verwirklichen. Tatsächlich ist es nicht weniger schwer, als sich vorzunehmen, Staatsoberhaupt, Millionär oder Nobelpreisträger zu werden, von denen es mehr auf der Welt gibt als Heilige.

Glück und Frieden haben aber nur jene verwirklicht und damit Reichtümer und Ehren ganz anderer und gewiss höherer Art erworben.

Und schon auf dem Weg dahin - obwohl das Ziel noch so fern erscheint - sind Verheißungen möglich, die mit jedem Schritt wunderbarer werden.

Allerdings liegen die Anforderungen höher als die für noch so hohe weltliche Ziele.

„Trachtet zuerst nach Gottes Reich, dann wird euch alles andere zufallen" - spricht die Bibel.

Wer, wenn nicht ich? und
Wann, wenn nicht jetzt?

Zwei überaus nützliche Fragen, die in sich bereits die Antwort und die damit verbundene Forderung tragen.

Als Schüler oder Suchender auf dem geistigen Weg bin ich immer gefordert. Ich darf mich daran erinnern, dass ich es richtig machen will. Und immer jetzt, immer in diesem einen Moment. Ob er mir gefällt oder nicht, der Moment, er hat mit mir zu tun, und es kommt darauf an, wie ich damit umgehe.

Ich kann ihn segnen oder verfluchen, annehmen oder ablehnen, ich kann gleichgültig oder neutral bleiben.

Ich kann stark oder schwach sein, aktiv oder phlegmatisch. Ich kann Verantwortung übernehmen oder mich drücken.

Ich kann das tun, was alle tun – aber auch das, was Herz und Gewissen mir zuraunen.

Wenn ich zufällig oder auch ganz bewusst gerade wach und gewahr bin – und zwar nur dann – werde ich jeden Moment annehmen, ihn segnen, und ohne zu zögern versuchen, richtig – was heißt, in Übereinstimmung mit meinem Ziel – zu handeln oder, falls das sinnvoller erscheint, mich zurücknehmen.

Ich werde versuchen, dabei unter allen Umständen gelassen und heiter zu bleiben.

Ich werde nicht darauf warten, dass vielleicht jemand anders sich dem noch so kleinen oder noch so großen Problem stellt.

Ich übernehme zunehmend Regie und Verantwortung für alles, was in meinem Leben passiert.

Leben auf zwei Ebenen

„Lebt ständig auf zwei Ebenen", empfehlen uns die Meister. Auf der einen erledigen wir unsere täglichen Pflichten, sorgen für die Bedürfnisse in dieser Welt – auf der anderen sind wir gleichzeitig verbunden mit der geistigen Welt durch innere Ausrichtung auf den göttlichen Strahl, den Beobachter, das Mantram; im Gewahrsein für den Augenblick und mit dem Bewusstsein des göttlichen Funkens in uns.

Damit heiligen wir sozusagen all unser Tun – auch Fließbandarbeit und Kartoffelschälen. Von geistiger Warte gesehen ist alles bewusste richtige Tun gleichwertig.

Auf der unteren Ebene sind wir Schauspieler, die die ihnen zugewiesene Rolle so gut wie möglich spielen – auf der oberen wächst der Regisseur in uns heran, der weiß, wer wir wirklich sind und wo wir hinwollen.

Dieses „Sich-bewegen auf zwei Ebenen" hält jeweils nur solange an, wie wir wach sind und weder den Strahl, den Beobachter noch das Mantram verlieren. Anfangs können wir kaum glauben, wie trotz felsenfester Entschlüsse plötzlich Stunden oder Tage vergehen, wo uns das alles wegrutscht. Weil die Herrschaft des Verstandes ihre eigenen Prioritäten setzt, die uns auf der materiellen Ebene halten wollen.

Das „richtige Leben" geht solange weiter, wie die Anforderungen und Ablenkungen der unteren Ebene, oder anders ausgedrückt – die Hypnose und der Schlafzustand uns noch fest im Griff haben. Nur und erst, wenn wir das ändern WOLLEN, werden wir solange dranbleiben, bis die Prioritäten sich auf die höhere Ebene verlagern.

Der göttliche Strahl

Unser höchstes Ziel auf dem geistigen Weg ist die Vereinigung mit dem Göttlichen.

Wenn wir schon Schritte auf diesem Weg gemacht haben, wissen wir bereits, dass es ein langer Weg ist, ein Weg der Reinigung und des Lassens, der Öffnung des Herzens, der Selbsterkenntnis und der zunehmenden Sehnsucht, das Ziel zu erreichen.

Wir machen Erfahrungen, dass unsere Anstrengungen subtil und verheißungsvoll belohnt werden – ganz anders vielleicht als das, was wir uns vorgestellt haben. Irgendwann, auch wenn unser Ziel weiter denn je entfernt scheint, ist dann ein „point of no return" erreicht, an dem die Seele weiß, dass es keine Alternative gibt und unsere ganze Ausrichtung dem gehören muss, was uns nach Hause führt.

In allen esoterischen Traditionen lehren die Meister ihre Schüler bestimmte einfache aber wirkungsvolle Übungen, die uns in diesem Prozess fördern und unterstützen.

Die Vorstellung eines göttlichen Strahls, der weißgolden aus der Höhe auf uns herabkommt, uns durchdringt und schützend einhüllt, ist so eine Übung, die wir ohne Unterlass machen können, egal, was wir gerade tun.

Ich erinnere eine Situation, wo der Meister zwei müden Mitschülern, die am Ende eines heißen und arbeitsreichen Tages zu ihren Autos schlichen, zurief: „Ihr geht aber nicht mit Gott!" Ein Ruck ging durch die Beiden. Die Kraft des Strahls war sofort da, energetisierend und aufrichtend.

Der Strahl wird zum ständigen Begleiter. Wir können ihn nach unserer Vorstellung formen als eine uns umgebende und schützende Lichthülle in Kugel oder Pyramidenform.

Wir lassen unsere Zellen und Körper davon durchdringen. Das schützt uns, wenn wir uns in der Meditation öffnen, wenn wir unterwegs sind, uns in Gruppen und Menschenmengen bewegen und überhaupt in allen Situationen, die Unruhe und Gefahr in sich bergen.

Wenn wir uns angewöhnen, ohne Unterbrechung in dieser Kraft zu sein, werden wir schließlich damit einschlafen und erwachen. (siehe auch Kapitel: Mantram)

Das wird zur ständigen Energiequelle, die uns mit dynamischer Tatkraft erfüllt.

Möglicherweise dauert es Monate oder Jahre, bis wir die Kraft tatsächlich so beseligend erleben; das hängt ganz von unserem Einsatz ab und immer auch von der Gnade.

Wege zum Ziel

Die klassischen Hauptstraßen zum Ziel sind die Wege der Erkenntnis, der Liebe, des richtigen Handelns und der Selbstbemeisterung.

Die heutige Schulung bedient sich einer Mischung aus all diesen und weiteren Möglichkeiten, wobei die individuelle Veranlagung der Schüler Präferenzen und Gewichtungen bestimmt. Die Lehrer geben uns wirksame Übungen, Formeln, Mantren und Meditationstechniken der spirituellen Schulen aller Religionen.

Da sie alle das gleiche Ziel haben, gibt es weder Widersprüche noch Verwirrung dabei. Fortgeschrittene Yogis, Sufis, Buddhisten, Kabbalisten, christliche Mystiker kennen keine Probleme miteinander. Sie halten sich, anders als Gelehrte vergleichender Religionswissenschaften, an die Gemeinsamkeiten im Inneren und nicht an die Unterschiede im Äußeren.

Von Ramakrishna wird berichtet, dass er sich so tief in andere Religionen hineinversetzen konnte, dass ihm nacheinander die Göttliche Mutter, Jesus Christus und das strahlende Antlitz des Propheten Mohammed erschienen.

Irina Tweedie, als Christin erzogen, ließ sich im vorgerückten Alter von einem hinduistischen Sufimeister schulen, der wiederum Schüler eines muslimischen Lehrers gewesen war.

Der sogenannte geistige Weg macht wach, befreit von der allgemeinen Hypnose und Hilflosigkeit, aus dem Schlafzustand, der Ignoranz, der Selbstdarstellung und aus der Abhängigkeit von Lob und Tadel. Er lässt den Egomanen, den Schweinehund, den Lügner und Besserwisser, den Schlechtgelaunten, den Streithammel usw. in uns nach und nach immer weniger zu.

Wenn das nicht Freiheit ist!!

Er stellt das Weltbild auf den Kopf, entlarvt die Lüge und Lieblosigkeit im eigenen und allgemeinen Denken, Fühlen und Handeln.

Dieser Weg besteht aus unzähligen kleinen Schritten, Rückschritten, Um- und Irrwegen, Sackgassen und immer wieder neuem Hinfallen; aber auch im Aufstehen, Sich-ausrichten, Entschluss-fasssen. Und tatsächlich aus zunehmender Gelassenheit und Freude. Die Gewissheit, „auf dem richtigen Weg zu sein", wächst.

„Es braucht seine Zeit, die Seele mit Gott schwanger zu machen". *(Bhai Sahib)*

Was zählt, sind Geduld und Ausdauer, Ausrichtung auf das höchste Ziel, Sehnsucht, Selbsterkenntnis und die allmähliche Auflösung des niederen Selbst.

Den Kopfmenschen dürstet es vorrangig nach Erkenntnissen und Wahrheiten, der Gefühlvolle zieht den Weg des Liebenden vor. Beide müssen lassen, überwinden – sich „selbst bemeistern". Beide müssen in die richtige Handlung kommen, um zunächst gutes und schließlich gar kein Karma mehr zu erzeugen. Jeder ist an einer anderen Stelle des Berges, das gemeinsame Ziel ist der Gipfel.

Wer die Liebe findet, dem wird sich die Wahrheit erschließen und umgekehrt. Am Ende sind Liebe und Wahrheit eins.

Der geistige Weg ist unser letztes und größtes Abenteuer auf diesem Planeten – das Ziel ungleich lohnender als jeder irdische Jackpot.

Die Priorität des Indianers

Mit 60 Jahren fasste ich ein neues Projekt ins Auge und begann, einen Hektar Ödland, auf dem wir ein Holzhaus errichtet hatten, eigenhändig in einen blühenden Park mit Hunderten Obstbäumen, Büschen und Zierpflanzen zu verwandeln. Mein Meister bemerkte dazu ganz milde: „Hals Dir nicht unnötig viel Arbeit auf."

Wie immer hat er recht gehabt. Das Projekt gelang, wurde sogar wunderschön. Und kostete zehn Jahre lang täglich viele Stunden harte Arbeit, die mit den Jahren naturgemäß immer schwerer wurde.

Freude hat das bereitet, keine Frage. Und natürlich habe ich meine Übungen und Meditationszeiten strikt eingehalten, meine Arbeit gesegnet, an meiner Ungeduld etc. etc. etc. gearbeitet und mich bemüht, liebevoll und hilfsbereit zu sein ... um mich positiv zu verändern.

Aber ab und zu fiel mir die Geschichte des Indianers ein, der ein winziges Stück Land besaß, das ihn mehr schlecht als recht ernährte. Mit der Arbeit war er stets schnell fertig und verbrachte viel Zeit unter einem großen Baum, wo er mit tiefer Stimme wunderschöne Lieder sang, die alle mit seiner Sehnsucht nach den ewigen Jagdgründen zu tun hatten.

Ein benachbarter Großgrundbesitzer, den das Singen erfreute, wollte ihm ein zusätzliches großes Stück Land zur Verfügung stellen, gänzlich uneigennützig. Der Indianer überlegte, schüttelte den Kopf und lehnte ab mit den Worten:

„Und wann bleibt mir dann Zeit zum Singen?"

Wir wissen nie, wieviel Zeit uns noch bleibt und welche

Fragen der Hüter der Schwelle an uns hat. Die nach unseren Prioritäten könnte dabei sein.

Verheißung

Höchstes Ziel allen spirituellen Strebens ist die Wiedervereinigung mit dem Göttlichen.

Für alle, die diese Vereinigung suchen und sich aufmachen, zu wahren Söhnen und Töchtern heranzuwachsen, hat der Psalm 91 die verheißungsvollen Worte:

Weil er sich sehnt, will Ich ihn erretten.
Ich will ihn schützen, weil er Meinen Namen nennt.
Er ruft Mich an und Ich antworte ihm.
Ich bin bei ihm in der Not.
Ich befreie ihn und bringe ihn zu Ehren.
Ich sättige ihn mit langem Leben und lasse ihn
Mein Heil schauen.

Und es ist das allergrößte, dass er (der wahre Mensch) die Erde nicht verlässt und gleichwohl in die Höhe erhoben wird, so groß ist die Größe seiner Natur.

Zitat Hermes Trismegistos

Vom Tier zum Gottmenschen

Es ist nur ein Gottesdienst,
dass man nicht böse ist

(Hermes Trismegistos)

Vom Tier zum Gottmenschen

Jedes höhere Ziel verlangt Ausrichtung, Disziplin, Geduld, Ausdauer, Schulung, Lernbereitschaft, Wissen, Werkzeug, Opferbereitschaft.

„Wie oben, so unten" – um es hermetisch auszudrücken, gilt das also für die spirituelle Entwicklung genauso wie für den Erfolg im äußeren Leben.

Ein Mensch braucht viele Jahre, um einen akademischen Titel zu erwerben, um ein Instrument oder ein Handwerk zu meistern. Logisch also, dass es für eine höchste geistige Entwicklung mit Ausrichtung auf das Göttliche einer noch größeren Anstrengung und Ausdauer bedarf.

Die Meister sagen allerdings auch, dass die Gnade erzwungen werden kann durch richtiges Tun und Lassen, und dass in Ausnahmen eine schnelle Entwicklung in wenigen Jahren möglich ist.

Es braucht Zeit und Erfahrung, sich vom Tiermenschen zum Menschen und vom Menschen zum Gottmenschen aufzuschwingen, oder – wie Bhai Sahib es ausdrückte:

„Es braucht Zeit, eine Seele mit Gott schwanger zu machen."

Der Prozess beginnt, wenn das Lassen weniger schmerzhaft ist als das Weitermachen.

Und – es gibt keine Alternative! Der Weg nach innen ist die wahre Evolution, ist Ent-wicklung; der einzige Weg, der in Liebe und Wahrheit NACHHAUSE führt.

Glauben

„Wer keinen Glauben hat, dem habe ich intellektuell nichts entgegenzusetzen".

So ähnlich hat Gandhi sich einmal ausgedrückt.

Glauben ist eine Sache intuitiver Gewissheit und hat daher mehr mit dem Herzen als mit dem Verstand zu tun.

Glaube lebt nicht in uns als Folge von Verordnung, Taufe oder Anerziehung. Diesem Glauben fehlt die echte Kraft. Er fällt leicht dem rationalen Denken, dem Zweifel, dem Trend der Allgemeinheit zum Opfer.

Wahrer Glaube benötigt mehr als Konfession, passendes soziales oder ethnisches Umfeld und religiöse Erziehung. All dieses kann durchaus hilfreich sein, hat aber keinerlei glaubenserhaltende Kraft, solange die innere Gewissheit im Herzen fehlt.

Manche von uns kommen mit dieser Gewissheit schon auf die Welt, anderen dämmert sie im Laufe des Lebens, wieder andere beginnen ganz plötzlich zu glauben – durch Erkenntnis, Schock, Leid, Nahtod-Erlebnis, auch durch überwältigendes Glück, Konfrontation mit Naturereignissen, Schönheit, Musik, Visionen und anderem.

Das ist der Glaube, der unerschütterlich ist. Die Gewissheit im Herzen, dass Gott, der mit den Möglichkeiten des Verstandes nicht bewiesen werden kann, trotzdem offenbar ist in allem, was es gibt.

Dieser Glaube erkennt die Begrenztheit und Heillosigkeit der Gegenargumente. Dieser Glaube hat einen Namen – Urvertrauen.

Frei von Schlafzustand und Hypnose

Der Gong war verhallt, das Lied der Sehnsucht verklungen, Weihrauchduft hing in der Luft und der Schein der Kerzen warf ein warmes Licht auf die Schülerinnen und Schüler, die wieder einmal zur Meditation und Belehrung gekommen waren.

„Euer Problem" sprach der Meister „ist, dass ihr glaubt, als eigenständige und von anderen getrennte Wesen zu existieren, und dass ihr frei wäret in euren Entscheidungen, euren Wünschen, eurem Denken, Fühlen und Handeln.

In der Realität seid ihr Substanzgeber für höhere Wesenheiten, programmiert wie Computer, die ständig mit Anreizen und Auslösern für Gier und Angst und unwahren Vorstellungen gefüttert werden. Ständig manipuliert durch Medien, Trends, Reklame, Wünsche und falsche Vorstellungen ohne Ende.

Diese Wesenheiten, Elementale genannt, melken euch, so wie der Mensch das Vieh melkt, weil sie eure Emotionen brauchen und schüren. Gier, Angst, Wut, Neid, Eifersucht, Ehrgeiz, Schadenfreude, Aggression, Süchte, Depressionen, Geilheit, Geiz usw. sind die Nahrung, die diese Elementale für ihre eigene Entwicklung benötigen.

Von all diesem und noch viel mehr frei zu werden – das ist der geistige Weg, der in die Freiheit führt - in das endgültige Erwachen aus Schlafzustand und Hypnose."

„Seid gut und tut Gutes"

Es war Buddha, der seine Schüler mit diesem Satz forderte. Die christliche Entsprechung dazu lautet: „Seid liebevoll".

Heutzutage braucht man schon Mut, solche Worte als Leitsätze zu zitieren. Man läuft Gefahr, lächerlich gemacht und als „Gutmensch" in einem eher negativen Sinn abgestempelt und geoutet zu werden.

Dabei macht fast jeder, der schon mal irgendwo selbstlos geholfen hat, die Erfahrung, wie beglückend das sein kann. Psychologen stellen sogar fest, dass z. B. schwere Depressionen geheilt werden können, wenn der Betroffene durch die Umstände gezwungen wird, irgendwo sinnvoll zu helfen, worüber der eigene Kummer dann bedeutungslos wird. Wenn wir also, um bei diesem Beispiel zu bleiben, die Wahl haben zwischen Psychopharmaka und schleichender Selbstzerstörung oder Gutsein und Überwindung der Selbstsucht, welche Wahl treffen wir dann?

Wenn wir auf dem Weg sind und uns Mühe geben mit dem Gutsein-Wollen, nehmen die beglückenden Erfahrungen zu und bestärken uns zu mehr gutem Tun. So arbeitet das Gesetz der Reflexion: Tut Gutes und Ihr erfahrt Gutes. Sogar, wenn die Umwelt mit Undank reagiert, empfinden wir die Freude, es richtig gemacht zu haben. Am besten bleiben wir anonym in unserem Bemühen. Die Welt verträgt den vorgehaltenen Spiegel nur mit Unbehagen.

Geiz und Macht, Profit und Profil sind geil und erhalten den unverhohlenen wie auch heimlichen Beifall der Massen. Der Gute im Stillen wird geduldet, wohl auch gelobt, solange er niemandem zu nahe tritt. Doch sobald das Gute kollidiert mit den allgemeinen Interessen, insbesondere denen der Lobbys und der Mächtigen, wird es schnell gefährlich. Wir sind nicht aufgerufen, Märtyrer und Weltverbesserer zu werden. Wir tun das Gute um des Guten willen – wir tun es letztlich für uns selbst – es ist der einzige Weg heraus aus der Selbstsucht.

Dankbarsein

Wir dürfen dankbar sein für die Umstände unseres Lebens, auch wenn der Unterschied zu den Glamourwelten der Medien beträchtlich sein sollte.

Für alles, was gesund ist an uns, für Brot, Wasser, Kleidung, für ein Dach über den Kopf, für die Arbeit – wenn es eine gibt, die wir tun dürfen. Es gibt unglaublich viele Menschen, die einiges oder alles von dem nicht haben.

Wir sind vor allem dankbar, wenn uns die Einsicht der Not-Wendigkeit überkommt, dass wir an uns arbeiten müssen – oder besser dürfen – dass wir Gutes tun dürfen, meditieren und beten dürfen.

Wir sagen ebenfalls danke für berechtigte wie auch für unberechtigte Kritik an uns – von wem auch immer –, und fragen uns jedes Mal, was wir selbst tun können, um die Meinung der anderen über uns zu ändern.

Wir danken all denen, die den Weg vor uns gegangen sind und deren Beispiel inspirierend und wegweisend für uns ist.

Wir sind dankbar für den Umgang mit Kindern und Tieren. Ihnen gegenüber fällt es uns leichter, Unarten großzügig und nachsichtig zu ertragen oder liebevoll zur Kenntnis zu nehmen. Wenn wir das dann bewusst ausdehnen auf die Begegnungen mit „Erwachsenen", die auch nur große Kinder sind, haben wir einen Riesenschritt getan.

Wir sind sogar dankbar für die Schicksalsschläge des Lebens, die uns gefordert, geschult und geprägt haben und sich im Rückblick als versteckter Segen für unsere ganz persönliche Ent-wicklung erweisen.

Wir sagen danke, wenn Karma und Gnade zulassen, dass wir uns spirituell ausrichten, dass wir lichter, wahrer, klarer, wacher und gerader werden dürfen, um eines Tages – ohne Verrenkung und Selbstdarstellung – wahrhaftig, liebevoll und frei sein zu dürfen und zu können.

Carpe momentum

Schon wieder Wochenende, schon wieder Geburtstag, schon wieder fallen die Blätter. Die Zeit rast. Mit dem Älterwerden noch mehr. Und irgendwann taucht die Frage auf: Ist das alles gewesen? Ist das der Sinn des Lebens? Und die Zweifel, ob man nicht viel mehr oder vieles hätte anders machen sollen.

Wenn wir auf dem Weg sind, lernen wir Achtsamkeit für den Moment, wohlgemerkt – für jeden Moment. CARPE MOMENTUM!

Jeder verpasste oder verträumte Moment ist eine verpasste Chance, im Hier und Jetzt zu sein, in der ewigen Gegenwart, die alles ist, was wir haben. Die wir in der Summe von all den Momenten verpassen, wenn wir in der Vergangenheit weilen oder von der Zukunft träumen.

Alles spielt sich ausschließlich im augenblicklichen Moment ab: Leben - Bewegung - Wandel - Entwicklung. Nur JETZT sind wir in der Position, Entscheidungen zu treffen, Weichen zu stellen, Änderungen vorzunehmen, Entwicklungsschritte zu tun, Vorsätze in Handlung umzusetzen.

Alles, was zuvor passiert ist, ist passé und steht nur noch als Erfahrungsschatz zur Verfügung – und alles, was in fünf Sekunden oder morgen sein wird, ist reine Spekulation.

Natürlich dürfen wir die Vergangenheit heranholen, um einmal gemachte Fehler nicht und einmal getanes Richtiges verstärkt zu wiederholen. Und natürlich läuft unser äußeres Leben nur mit bestimmter Zukunftsplanung. Aber ständiges Hadern und Schwärmen mit und von der Vergangenheit und permanentes Träumen von der Zukunft hält uns davon ab, den

Moment jetzt wach zu erleben. In Vergangenheit und Zukunft sind wir meistens mit uns selbst beschäftigt. Im Gewahrsein der Gegenwart nehmen wir alle äußeren und inneren Vorgänge wahr und haben nur dann die Möglichkeit, spontan mitfühlend, liebevoll und hilfsbereit zu sein. Und auch in schwierigen Zeiten gibt es immer Momente der Schönheit, der Stille, des Friedens, die man bewusst genießen kann. Jetzt gerade scheint die Sonne, auch wenn wir gestern unseren Partner oder Job verloren haben. Und jetzt sind wir entspannt und schmerzfrei, auch wenn wir morgen zum Arzt müssen.

Wir haben gar keine andere Wahl als das Unvermeidliche zu akzeptieren, das uns gerade geschieht. Das kann unter den gegebenen Umständen gar nicht anders sein. Und niemand als wir selbst hat die Verantwortung dafür.

Aber immer können wir, wenn wir im JETZT sind, die Weichen für gutes Karma stellen.

„Wir sind Sklaven der Vergangenheit, aber Herren unserer Zukunft." *(Steiner)*

Wenn wir das Carpe momentum beachten und richtig handeln.

Selbst–Verwirklichung

Auf der materiellen Ebene spricht man von Selbstverwirklichung, wenn es gelingt, die eigenen Träume, Vorstellungen und Wünsche zu erfüllen.

Wenn wir aber eine spirituelle Selbst-Befreiung als das Ziel für die Selbst-Verwirklichung wählen, geschieht das durch Ent-Wicklung, durch Lassen, durch Abbau von Persönlichkeits- und Egostrukturen Schicht um Schicht, wie beim Häuten einer Zwiebel.

Wenn irgendwann alles ent-wickelt ist, bleibt das strahlende NICHTS über (das Nirwana der Buddhisten ist dasselbe), das gleichzeitig ALLES ist, in der Vereinigung mit dem All und dem Einen.

„Gottes eigene Substanz" ist wieder zuhause:
Ist Sein und Wissen und Liebe
Ist unsterblich, allwissend, anhaltend glückselig.

Diene Deinem Nächsten

Dienen heißt, sich um liebevollen Umgang mit Menschen, Tieren und Pflanzen zu bemühen. Alles, was uns begegnet, will beachtet werden.

Barmherzig nennt man die, die grundsätzlich und spontan hilfsbereit sind. Sie haben ein „gutes Herz". Das ist wunderbar. Oft sind es schlichte Menschen, die diese Herzensqualität besitzen. Oft Leute ohne jeglichen spirituellen Anspruch. Hut ab! Sie sind weiter als so mancher Möchtegern-Heiliger.

Dienst am Mitgeschöpf beginnt mit Wachheit oder besser mit Gewahrsein für alles, was uns begegnet und setzt unser Interesse für die Freuden und Leiden der anderen voraus. „Was braucht der andere?" fragen wir mit der inneren Bereitschaft, helfen und Gutes tun zu wollen; auch wenn es mal eigentlich und gerade nicht passt.

Wenn aus der anfänglichen Pflichtübung mit der Zeit ein echtes Herzensanliegen wird – das wäre dann Ent-Wicklung.

Wir versetzen uns in den anderen hinein und hören erstmal zu. So erfassen wir den Punkt, der den anderen beschäftigt, ihm Sorgen bereitet, ihn traurig, wütend und ratlos macht. Und dann wissen wir meistens schon, wie wir helfen können. Das Zuhören allein kann schon die ganze Hilfe sein, die der andere braucht. Aufmunternde Worte geben ihm Mut, ein ehrlicher Ratschlag richtet ihn auf, unser Mitgefühl tröstet ihn. Im Rahmen unserer Möglichkeiten bieten wir unseren zeitlichen Einsatz, unsere praktische und gegebenenfalls auch materielle Hilfe an. Wir erwarten keinen Dank und keine Gegenleistung und schon gar nicht, dass unsere Hilfsbereitschaft irgendwo bemerkt oder gewürdigt wird. Wir dürfen helfen, und indem wir das tun, helfen wir uns selbst am meisten, aber auch der Menschheit ganz allgemein.

„Das, was Du dem geringsten meiner Brüder getan, das hast Du mir getan," so Jesus Christus – und das im Guten wie im Bösen.

Helfen

Wir werden ständig konfrontiert mit Situationen, die materielle Hilfe oder tatkräftiges Eingreifen und anderen, die Zuhören, Trösten und Verständnis erfordern und wieder anderen, die unser Gebet und unsere Fürbitte brauchen.

Doch fast immer gilt: Die Welt will gar nicht die wirkliche Hilfe. Sie will bedient werden nach eigenen Vorstellungen, aber nicht selbst in die Pflicht und in die Verantwortung genommen werden.

Die Kranken wollen die Pille gegen den Schmerz – aber nicht die Änderung ihrer Lebensweise. Ähnliche Widerstände finden wir bei allen Hilfsprojekten in der Sozial-, Wirtschafts- und Entwicklungshilfe und bei Therapieansätzen jeder Art.

Und die Helfer der Welt wollen meistens auch nur nach ihren Vorstellungen helfen, erhoffen häufig bestimmte Vorteile von der Hilfe für sich selbst oder ihre Reputation und werden so dem eigentlichen Bedürfnis nicht gerecht.

Es gibt ganz wenige wirklich selbstlose Helfer und sie erfahren nur zu oft den krassen Undank der Welt.

Dazu ein Erlebnis aus eigener Erfahrung: Ich hatte meinem Meister einen verkrüppelten 12-jährigen Jungen aus einer ärmlichen Familie meiner Nachbarschaft vorgestellt, dem die Sozialversicherung seines Landes die diversen nötigen Operationen verweigerte. Der Meister nahm Kontakt zu Ärzten in Deutschland auf und nach einigen Wochen war es soweit, dass ich als Dolmetscher Mutter und Sohn auf einer Reise nach Deutschland begleiten konnte. Es folgten diverse Eingriffe und Monate später ein zweiter Aufenthalt in derselben Klinik mit weiteren

Maßnahmen. Jetzt war der Junge soweit, dass er lernen konnte, mit Gehhilfen zu gehen. Allerdings sollte er dafür hart trainieren und mehrere Stunden am Tag bestimmte Gehübungen absolvieren.

Es stellte sich schnell heraus, dass er wenig Lust dazu hatte – er saß lieber tatenlos vor dem Fernseher, und die Eltern zuckten die Schultern.

Die Krankenhausaufenthalte, Medikamente, Reisekosten hatten um die 70.000 DM gekostet, die der Meister privat bezahlt hatte. Ich machte Druck auf die nationale Sozialversicherung, anfangs ohne Erfolg und kündigte schließlich an, den Vorfall in die Medien zu bringen. Das wirkte. Man überwies den Eltern des Jungen einen Großteil der Kosten, so um die 65.000 DM. Aber anstatt das Geld zurückzuzahlen, begann die Familie, in Saus und Braus zu leben.

Es gab nur eine moralische Verpflichtung, aber keinerlei Rechtsgrundlage, die Rückzahlung zu verlangen. Das war es dann – ein Paradebeispiel dafür, wie sogar sinnvolle Hilfe sinnlos sein kann, wenn Phlegma und Gier im Spiel sind.

„Helfen ist das Schwerste, was es gibt" beschloss der Meister das Thema in seiner gewohnten Gelassenheit.

Genauso geht es zu bei der Hilfe, die eine Seele benötigt, um weiterzukommen. Voraussetzung ist die Bereitschaft, Korrekturen am Ego der derzeitigen Persönlichkeit vorzunehmen. Viele, ja fast alle wollen gute Menschen sein, reagieren aber sofort mit Widerstand, wenn ihnen der Spiegel vorgehalten wird. Jeder weiß es besser, keiner will kritisiert werden und alle Selbstkritik ist nachsichtig: Ich bin halt so!

Das erklärt, warum es endloser Zeiten und vielerlei Hilfen in vielen Leben und Inkarnationen bedarf, endloser Leiden und

Erfahrungen, bis das Tier zum Menschen, der Mörder zum Heiligen, der Geizige zum Wohltäter und der Machtmensch zum Pazifisten wird.

„Sinnvolle Hilfe befreit von dem Bedürfnis nach weiterer Hilfe. Die endlos wiederholte Hilfe ist keine Hilfe". *(Sri Nisargadatta)*

Die Lehrer weisen die Richtung, die erforderlichen Schritte müssen wir selber tun.

Es ist ein langer, allmählicher Prozess. Auch den seriös Suchenden wird zumindest anfangs immer nur das zugemutet, was sie gerade verkraften können, ohne den Mut und die Motivation zu verlieren.

Die Lehrer haben das Einfühlungsvermögen, die Geduld und die Kreativität für immer neue Anstöße, bis dann irgendwann der rote Teppich eingemottet wird – dann nämlich, wenn wir verstanden haben, dass es keine Alternative gibt und dass unser Widerstand unsere Zeit und unsere Leben verschwendet.

Richtig sind alle Formen von Hilfe, die in die Selbsthilfe führen. Wenn wir selber helfen wollen, müssen wir zuvor uns selbst geholfen haben.

Und in genau dem Maß an gewonnener Selbsthilfe werden wir fähig, anderen zu helfen – nicht mehr und nicht weniger.

Erfahrungen

Je weiter wir fortschreiten auf unserem Weg nach innen, desto öfter werden wir gewisse Erfahrungen machen, die nicht von dieser Welt sind und die wir nicht mehr teilen können mit anderen, außer, wenn diese ebenfalls nach geistiger Ausrichtung streben. Abgeschiedenheit ist ein Preis dieses Weges.

Wir lernen, grundsätzlich sehr zurückhaltend zu sein mit der Weitergabe von Erfahrungen und Erkenntnissen, um Neugier, Sensationslust und Profanität gar nicht erst herauszufordern.

Die um uns herum, auch die liebsten uns nahestehenden Menschen, halten uns ganz schnell für spinnert und abgefahren. Deren Verständnislosigkeit ist aus Sicht der exoterischen Welt ganz „normal" und benötigt wiederum unser Verständnis und unsere Zurückhaltung.

Wenn wir Glück haben, gibt es einen Freund oder Lebenspartner, der mit uns auf einer Linie ist.

Wenn wir noch mehr Glück haben, finden wir einen Lehrer, der uns die Richtung weist und uns hilft, mit Erfahrungen richtig umzugehen.

Und wenn wir begnadet sind, finden wir uns in einer kleinen ausgerichteten Gruppe unter der Führung des Lehrers zusammen. Auf diese Situation trifft das Christuswort zu: „Wenn zwei oder mehr in meinem Namen versammelt sind, so bin Ich mitten unter ihnen."

Letztendlich sind bei aller Verschiedenheit der eingeschlagenen Wege die Erfahrungen ähnlich – völlig unabhängig von Kulturkreis, Volkszugehörigkeit und Religion. Eine starke Bestätigung dafür, dass die Menschheit eins ist und dass es nur den Einen und Einzigen gibt, egal, wie wir ihn nennen wollen: Gott - Allah - Jehova - Rama usw. Er ist das Ziel. In Ihm schließt sich der Kreis.

Streben nach Wahrheit

Wenn wir die Wahrheit WOLLEN, müssen wir auch für sie einstehen, uns gerade machen und sie bei Bedarf verteidigen. Ohne Emotionen, ohne Fanatismus und ohne Angst vor eventuellen Nachteilen für uns. Ohne die Welt bekehren zu wollen. Wir wollen nicht missionieren, und wir müssen nicht als Märtyrer sterben für die Wahrheiten, die die Welt nicht will.

Galileo verhielt sich weise, als er die Wahl hatte zwischen dem Scheiterhaufen und dem Widerruf, dass die Erde rund sei. Bei aller Wahrheitsliebe: Gebt dem Kaiser, was des Kaiser´s ist. Die Welt besteht auf der Lüge! Auch heutzutage.

Viel wichtiger ist, dass wir bei uns selbst aufräumen, um die Lüge aus unserem Leben zu entfernen: die Selbstdarstellung und die Selbsttäuschung, die Übertreibungen, die zielgerichteten Komplimente, die Heuchelei, abfällige Vermutungen über andere, usw. usw. Das müssen noch nicht einmal große Sachen sein.

Mein Meister pflegte zu diesen und anderen Egothemen zu sagen: „Es sind die Kleinigkeiten, die euch dort halten, wo ihr seid. Weil ihr nicht wach seid und weil ihr viel redet. Wer viel redet, redet viel Unwahres. Aber, wer lügt, bekommt die Lüge zurück und wird keine Wahrheit erfahren."

Deshalb ist es entscheidend für uns, unser Denken und Tun ständig auf Wahrhaftigkeit zu überprüfen.

„Satyagraha" nannte Gandhi seinen Weg der Liebe zur Wahrheit, welcher die Verbindung von Furchtlosigkeit und höflicher Zurückhaltung verlangte und damit Charakterstärke in höchster Form.

Um die Aufrechten und Ehrlichen wird allerdings gerne ein Bogen gemacht. Sie ecken an und sind unbequeme Spielverderber.

Wenn wir die Wahrheit wirklich WOLLEN, müssen wir den Verstand dem Herzen unterwerfen, nachdem wir zuvor dieses Herz geöffnet und „rein" gemacht haben, was durch spirituelles Streben durchaus möglich ist.

Aus der Öffnung des Herzens und Gewahrsein für alles, was der andere oder die Situation braucht – gefolgt von bewusster und einfühlsam hilfsbereiter Handlung (das, was Spiritualität unter Dienen versteht) - erwachsen dann Weisheit und Reife für Wahrheit.

Studierte, angelesene und angelernte Wahrheiten spielen dabei eher eine untergeordnete Rolle. Wie sonst hätte es schlichte Schäfer, Nonnen und Einsiedler gegeben, von denen berichtet wird, dass sie zu Weisen oder Heiligen geworden sind? Und wie sonst hätte z. B. der einfache, von Schulbildung kaum berührte Tabakhändler Sri Nisargadatta aus Bombay einen Weltruf als „erleuchteter Weiser" erlangt? „Je weniger Wissen, umso mehr Weisheit." So lehrte tatsächlich schon Laotse.

Die Philosophen schwärmen, dass Wahrheit das höchste Gut sei. Gandhi gab an, erfahren zu haben, dass kein anderer Gott als die Wahrheit sei. Und der große Meister aus Nazareth fordert uns auf: „Suchet die Wahrheit, und die Wahrheit wird Euch frei machen."

Die Wahrheit wird sich uns nach und nach erschließen, wenn wir bei fortschreitender Reinigung und Selbsterkenntnis zwei Fragen immer klarer beantworten können: „Wer bin ich?" und „Warum bin ich hier?" Dabei gibt es so viele Antworten auf diese zwei Fragen wie es Menschen gibt, weil jeder gerade an einem anderen Punkt relativer Wahrheit ist. Aber – ganz am Ende von Ent-Wicklung, da, wo alle sich am Gipfel des Berges und am Ende des Weges treffen, fallen auch alle Antworten gleich aus – in der Erkenntnis, dass wir alle eins sind mit dem Allerhöchsten, mit der einen absoluten Wahrheit.

Wachheit

Die Meister sagen uns, dass wir allesamt schlafen, auch wenn wir uns einbilden, hellwach zu sein.

Unser hypnotischer Zustand gaukelt uns vor, wir seien dies oder das, z. B. freie und selbständig handelnde und denkende und von allen anderen getrennte Wesen. Und, dass wir alles unter Kontrolle hätten, um richtig wählen und entscheiden zu können.

Alles daneben, alles Irrglaube! Wir sind das Produkt der Programmierung aus den Erfahrungen vieler Leben und Opfer des daraus resultierenden Habenwollens zur Erfüllung unserer Wünsche und Nichthabenwollens von Unannehmlichkeiten gleich welcher Art. Wir werden sozusagen von Emotionen gesteuert und gelebt, immer wieder, und mit wenig Aussicht, da herauszukommen.

Erst, wenn wir beginnen, das zu erkennen und die Kraft finden, die Software ändern zu wollen und Verantwortung für all unser Denken, Fühlen, Wollen und Handeln zu übernehmen, ist Änderung und Erwachen in Aussicht.

Wachheit erwächst aus der ununterbrochenen Kraft- und Willensanstrengung, jetzt und hier gewahr zu sein und genau zu beobachten, was in mir und außerhalb von mir vor sich geht, was korrigiert, geändert, gelassen werden muss. Dazu trainieren wir den Beobachter in uns, analysieren unsere Motive, Absichten, Handlungen, Gedanken, Emotionen, Körperhaltung, Stimme. Überall werden wir Negatives und Unheilsames finden und massiven Widerstand gegen jede wirkliche Veränderung, und immer wieder wird das Ego mit uns durchgehen wollen. Wir dürfen nur nicht aufgeben wollen, auch wenn dasselbe Muster uns zum tausendsten Mal überrumpelt. Immer wieder fassen wir den eisernen Entschluss, es beim nächsten Mal besser zu machen.

Wenn wir unbeeindruckt von Rückschlägen anhaltend wach sein WOLLEN, wird sich allmählich etwas verändern in unserem Leben, in DIESEM Leben.

Nur in der Wachheit haben wir jede Sekunde die Wahl, etwas gut statt weniger gut zu tun, die Sau zurückzuhalten und nicht unkontrolliert rauszulassen.

Die Sau, das ist Phlegma, Ignoranz, Widerstand oder einfach nur unsere Ruhe haben wollen.

Vollkommene Wachheit ist umfassendes Gewahrsein und führt uns allmählich aber unaufhaltsam in die Wahrheit und in die Liebe.

Freiheit ist das höchste Gut

Dieses Gut, um das es hier geht, hat nichts zu tun mit der Freiheit, sich alle Wünsche zu erfüllen, auch nicht mit „Freie Fahrt für freie Bürger", freier Marktwirtschaft, Pressefreiheit, Gedankenfreiheit, freier Liebe und vielem mehr.

Auch nichts mit der Freiheit, irgendwann alles liegenzulassen, um in zerrissenen Jeans durch San Francisco zu gehen.

All diese Freiheiten sind äußerlich und gehen ziemlich ausnahmslos zu Lasten von etwas anderem.

Wahre Freiheit respektiert immer die Freiheit der anderen.

Freiheit ist, frei und unabhängig zu sein von falschen Vorstellungen und Wünschen, von Lob und Tadel, Süchten jeder Art, Statussymbolen, Trends und Mainstreams, Ängsten, Gewohnheiten, Dogmen und Weltanschauungen, äußerlichen Bedingungen gleich welcher Art, also von allem, was uns hält und fesselt.

Das hat ganz viel mit konsequentem Lassen und Loslassen zu tun und mit Freude und Dankbarkeit für alles, was ich bereits bin und habe. Daraus entsteht dann wunschlose Zufriedenheit und diese wiederum führt zum inneren Frieden und von dort in die Freiheit.

Frieden und Freiheit sind innere Zustände, die ich ausschließlich selbst herbeiführen kann mit meinem seriösen Streben nach Reinheit und Vollkommenheit und mit anhaltend eiserner Entschlossenheit, mein Bestes zu geben.

Wer, wenn nicht ich, ist gefordert? Ununterbrochen! In der höchsten Form der Liebe bin ich dann FREI!

„In der Akzeptanz liegt die Auflösung"

(Zitat Sri Nisargadatta)

Dies ist einer der Hauptschlüssel für unsere geistige Entwicklung. Der Aufruf zur Akzeptanz umfasst alles, was uns geschieht oder begegnet, das Gute wie das weniger Gute, widrige wie günstige Umstände, Freude wie Leid, Jackpot und Pleite, Leben und Tod, Gesundheit und Krankheit, Wollen und Nichtwollen aller anderen Wesen.

Alles das kann im Moment des Auftretens gar nicht anders sein als es ist. Es hat seine Ursache und Wirkung, seine karmische Entstehungs- und Entwicklungsgeschichte.

Einmal akzeptiert, ertragen wir das „Unvermeidliche" wie das Wetter und sehen zuversichtlich der Veränderung entgegen, dem Frühling, der Gesundung, anderen Zeiten, dem Ende wie dem Neuanfang. Mit der Akzeptanz verliert das Problem, auch wenn es bleibt, sofort seine Spitze, wird besser und erträglicher.

Und das „Vermeidliche" müssen wir überhaupt nicht akzeptieren und ändern es selbstverständlich mit allem, was in unserer Kraft steht, sofort oder zum richtigen Zeitpunkt, wobei an erster Stelle die persönliche Veränderung steht.

Und so hat das einst Sri Nisargadatta zum Ausdruck gebracht:

„Die Essenz des Heiligseins ist das totale Akzeptieren des augenblicklichen Moments, Harmonie mit den Dingen, so wie sie geschehen.

Ein Heiliger will die Geschehnisse nicht anders haben als sie sind. Er weiß, dass sie unter den gegebenen Umständen unvermeidlich sind.

Er heißt das Unvermeidliche willkommen, und deshalb leidet er nicht. Er mag den Schmerz kennen, aber der erschüttert ihn nicht.

Er tut, was in seinen Kräften steht, um das verlorene Gleichgewicht wieder herzustellen. Ansonsten lässt er die Dinge ihren Lauf nehmen."

Möchten - Wollen - Können - Dürfen

Wenn wir uns ein Ziel vornehmen, entscheiden diese vier Begriffe über die Wahrscheinlichkeit, das Ziel zu erreichen.

Wenn wir nur gerne Möchten, befinden wir uns in zustimmender Gesellschaft, weil das sehr viele Menschen betrifft. Allerdings haben wir damit ganz schlechte Karten.

Erst das Wollen und die Stärke der Entschlusskraft nehmen unser Ziel ernsthaft ins Visier. Diese beiden bereiten uns vor für die nächste Qualität, die wir brauchen – nämlich das Können. Das erfordert neben natürlicher Begabung und Kraft diszipliniertes Lernen und das Erwerben von Kenntnissen und Fähigkeiten.

Die letzte Entscheidung aber bewirkt das Dürfen, das in diesem Zusammenhang karmisch gemeint ist.

Das zeigt sich dann in Form guter Voraussetzungen, Begleitumstände und Rahmenbedingungen. Immer, wenn Schwierigkeiten auftreten, finden sich Lösungen, wenn das Karma das erlaubt.

Im Gegensatz dazu bringt das Nicht-dürfen den sogenannten Pechvogel hervor, der einfach kein Glück hat bei seinem Vorhaben. Sein Karma verhindert, dass er seine Vorstellungen verwirklicht. Es ist für ihn nicht vorgesehen, jedenfalls nicht zum jetzigen Zeitpunkt. Wenn wir geschult sind, erkennen wir die Anzeichen und wollen dann nicht „mit dem Kopf durch die Wand". Vielleicht lösen sich die Schwierigkeiten später, wenn bestimmte Entwicklungsschritte gemacht worden sind. Geduld und Ausdauer werden uns immer wieder abgefordert.

Andererseits „dürfen" viele von uns, ohne ihre Möglichkeiten zu ergreifen. Das Phlegma steht im Weg. Denn wir dürfen ganz gewiss bessere Menschen werden, dürfen Wachwerden-wollen, Lieben-wollen, Gutsein-wollen, dürfen uns selbst erkennen und verändern.

Wir möchten das sogar, fast alle, und viele könnten das tatsächlich. Aber es fehlt am Wollen. Gemeint ist absoluter Wille, der Wille nach dem Archäus-Prinzip. So jedenfalls hat mein Meister diesen Willen definiert.

Das ist der Wille, der Berge versetzt, der Rückschläge und Widerstände verkraftet, sich nie ganz entmutigen lässt, uns immer wieder in die zielgerichtete Handlung führt und schließlich das Glück oder gar die Gnade erzwingt.

Wenn wir nie zweifeln und anhaltend Geduld und Ausdauer zeigen, führt uns dieser Wille zum Ziel.

Meditation

Und dies ist einzig und allein
des Menschen Heil, wenn er Gott erkennt,
es ist die Auffahrt zum Himmel.
Hierdurch alleine wird die Seele gut
und nicht eine Zeit gut und die andere böse,
sondern not-wendig

(Hermes Trismegistos)

Meditation

Meditation führt uns in höhere Bewusstseinszustände. Diese Zustände haben nichts zu tun mit Träumen, Trance, Hypnose, mit Kicks oder Wahnvorstellungen. Diese Zustände sind Brücken für unsere „Religion" oder Rückverbindung an die „Substantielle Realität", wie die Hermetiker den oder das All bezeichnen. Sie führen uns in Gewahrsein und Erkenntnis, erfüllen uns mit starker fließender Energie und zunehmenden Glücks- und Liebesempfindungen.

„Die Meditation ist unsere Droge", sagte einst mein Meister im Kreise seiner Schüler. Eine Droge, die nicht abhängig sondern frei macht.

Er sagte auch: „Wir müssen nicht meditieren, wir DÜRFEN!" und: „Jede Minute konzentrativer Meditation ist eine Minute für die Ewigkeit."

Mit dieser Einstellung wird die Meditation zum geliebten Anfang und Ende eines jeden Tages. Natürlich nur, wenn wir immer wieder Prioritäten setzen zugunsten der Meditation und gegen Zerstreuung und Ablenkung. Häufig gegen Widerspruch und jedes Verständnis der Umwelt, so dass es gar nicht einfach ist, konsequent zu bleiben und trotzdem niemanden vor den Kopf zu stoßen. Die Welt ist halt kein Kloster und selbst im Kloster sollen es die ernsthaft Suchenden nicht immer leicht haben.

Das ist für längere Zeit ein ständiger Kampf: Fernsehen – Ausgehen – Liegenbleiben; alles lockt uns und will uns abbringen von unseren guten Vorsätzen. Wir müssen uns entscheiden, wem Priorität gebührt – der Ewigkeit oder der Welt?! Und auch, wenn wir noch nicht ganz bereit sind für die Ewigkeit, können wir doch allmählich Fortschritte machen in unserer Ausrichtung.

Je mehr wir uns reinigen, je liebevoller, wacher und mitfühlender wir werden, desto erfüllter wird unsere Meditation.

„Ihr bekommt, was ihr einsetzt", sagen die Meister und sie fordern uns auf, geduldig, ausdauernd und ohne Ehrgeiz und Erwartungshaltung zu üben. Unsere Verantwortung liegt im Tun. Ergebnisse sind niemals vorhersehbar. Es gibt die Gnade, aber keine Garantie.

Ein persönliches Ritual ist ein geeigneter Rahmen für die Meditation. Das bringt Rhythmus, Disziplin und Ruhe, fördert Konzentration, Andacht und Sehnsucht.

Das Ritual wächst mit den eigenen Erfahrungen, verändert sich und begleitet uns über Jahre auf unserem Weg.

Die Meister empfehlen uns dafür das „stille Kämmerlein", einen Ort, an dem wir zweimal oder öfter am Tag zur Ruhe kommen und in die Stille gehen können, ohne gestört zu werden. Das kann bei freundlicher Witterung durchaus auch mal draußen sein.

Unseren Ort der Kontemplation und Meditation dürfen wir uns schön machen – mit allem, was uns richtig erscheint – mit einem Altar, frischen Blumen, Kerzenschein, Weihrauch und dem Bildnis unseres Lieblingsheiligen.

Oder, wenn unsere Umstände bescheidener sind und wir nichts als einen Hocker oder ein Sitzkissen haben, dann schmücken wir das „Kämmerlein im Herzen" entsprechend. Wir entzünden Kerze und Weihrauch, und verbeugen uns zum Gruß der heiligen Kräfte, mit denen wir uns verbunden fühlen. Am Abend lassen wir den Tag in der selbstkritischen Rückschau passieren und fassen die entsprechenden Entschlüsse, das eine oder andere beim nächsten Mal besser machen zu wollen. Und am Morgen segnen wir den Tag, der vor uns liegt, unsere Arbeit, unser Umfeld. Wir sprechen ein Gebet und gehen dann in die Meditation. Wenn wir zum Ende kommen, gedenken wir der Menschen, Tiere und Situationen in unserem Umfeld und in der Welt – überall, wo Trost und Hilfe uns notwendig erscheint – mit Gebeten und Fürbitten.

Abschließend danken wir den heiligen Kräften, die uns begleitet haben.

Wir meditieren in bequemer und sauberer Kleidung, vorzugsweise frisch geduscht, nicht mit vollem Bauch, ohne vorherigen Genuss von Alkohol – und mit Freude im Herzen. Wichtig ist die richtige Sitzhaltung, damit der Körper längere Zeit beschwerdefrei und bewegungslos gehalten werden kann.

Wir können auf dem Boden im Lotus- oder Schneidersitz oder auf einem Stuhl sitzen. Die Unterlage soll fest sein, wir lehnen uns nicht an und halten die Wirbelsäule so aufrecht und gerade wie möglich.

Die Füße haben Bodenkontakt mit beiden Sohlen nebeneinander, wenn wir einen Stuhl wählen, oder werden auf dem Sitzkissen gekreuzt. Die Augen sind in der Regel geschlossen, geatmet wird durch die Nase, die Zungenspitze berührt den Gaumen.

Es bedarf eines längeren Trainings, um ausreichend lange unbeweglich zu sitzen. Man beginnt nach Vermögen mit bis zu 30 Minuten 2x täglich. Wer kann, steigert sich allmählich in den Bereich von über einer Stunde mit gelegentlichen längeren Sitzungen „open end". Das geht mit entsprechender Vorsicht auch im vorgerückten Alter und mit Bandscheibenproblemen und rheumatischen Kniegelenken. Ich hatte all dieses und habe zwei Jahre gebraucht, um einigermaßen schmerzfrei zu sitzen.

Wenn die Beine einschlafen oder die Knie schmerzen nach einer Weile, streckt man sie ein paar Minuten aus – ohne die Konzentration aufzulösen und ohne große Unruhe für den Rest des Körpers und die Umgebung zu verursachen.

Ist der Körper dann still, aufrecht und bewegungslos, bringen wir die Emotionen und den Verstand zur Ruhe, indem wir alles Alltagsgeschehen und all unsere Probleme ausblenden. Das Schwierigste ist das Nichtzulassen der Gedanken, die „wie eine Affenherde" über uns herfallen. *(Buddha)* Ein erfahrener Lehrer kann uns dazu die entsprechenden Übungen und Anleitungen geben, wenn wir merken, dass wir das nicht alleine schaffen.

Von den vielen Schlüsseln, die die Tore des Tempels aufschließen, ist die Meditation ein Hauptschlüssel.

Schon die nur auf Entspannung ausgerichtete Meditation hat ihren Wert, lässt Energie und innere Ruhe einkehren und hilft, neue Kraft für die Anspannungen des Alltags zu finden. Inspiriert und erfrischt.

In der konzentrativen Meditation mit definierter Ausrichtung auf ein höchstes Ziel unter Anleitung eines Lehrers wird allerdings weitaus mehr angestrebt. Sie stärkt Sehnsucht und Vertrauen in uns. Gewahrsein, Andacht, Lieben-wollen und Läuterung erwachen und wachsen in uns – vielleicht langsam aber unaufhaltsam.

Während wir meditieren, sind wir vollkommen gegenwärtig, überwinden Widerstände und Trägheit durch Fokussierung und ausdauernde Konzentration. Das bewirkt Veränderung in uns, langsam aber nachhaltig.

Die Willenskraft und die Entschlusskraft werden gestärkt.

Wir lernen den Verstand kennen in all seinen Mustern und Programmierungen, seiner Gier nach Abwechslung, seiner Unruhe und Hektik.

Wir erkennen, dass die Gedanken nicht unsere sind, dass sie kommen und gehen. Und dass wir sie ignorieren können und müssen, um die Herrschaft des Verstandes eines Tages zu beenden. Wohlgemerkt – nicht um weniger Intelligenz und Unterscheidungskraft zu haben, sondern einen gezähmten Verstand, der unser Diener ist anstelle des Gegenteils; einen Verstand, der vom Herzen bestimmt wird und damit zu einem wunderbaren Instrument wird.

Das Ziel ist die Stille jenseits der Gedanken. Nur dort können wir das Göttliche berühren, und nur dann kann Verwirklichung geschehen.

Wir müssen über den Verstand und die Sinne hinaus nach innen gehen, immer tiefer, in konzentrativer Anstrengung und phasenweiser Überanstrengung und Beibehaltung der Fokussierung auf Konzentrationspunkt und Mantram.

Mit Entspannung oder Wellness hat das nichts zu tun; aber, wenn wir es richtig machen und lange genug konzentriert sind, stellt sich irgendwann ein Glücksgefühl ein, das uns zum Weitermachen motiviert – und ab dann gehen wir trotz der Anstrengung erholt und energiegeladen aus der Übung hervor.

Überlieferungen von Heiligen und Mystikern aller Religionen erwähnen dieses Glücksgefühl, das mit Annäherung und Eintritt in die Stille immer stärker wird. Dabei öffnet sich der Zugang zum Allerinnersten.

Die Empfindung ist überwältigend, und wir wünschen nichts mehr, als dort zu verweilen.

Wir wissen jetzt, dass wir auf höherer Ebene sehr geliebt werden. Und das befreit uns ein für allemal von dem verzweifelten Geliebtwerdenwollen durch Eltern, Kinder, Partner, Freunde und den Rest der Welt – worunter viele von uns leiden – wie auch von allem Zweifel, ob wir überhaupt liebenswert sind. Und es befreit unsere eigene Liebesfähigkeit von jeder Erwartungshaltung an die anderen.

In dieser Situation überflutet uns Glückseligkeit, die zu Freude, Dankbarkeit und vollkommenem Zufriedensein führt. Und wir finden heraus, dass wir jederzeit dieses Glücksgefühl haben können, unabhängig von anderen Menschen und dem, was in der Welt passiert. Alles, was wir brauchen, haben wir bereits. Es ist in uns vorhanden

Die Erfüllung oder Nichterfüllung von Wünschen in der äußeren Welt verliert nach und nach ihre dominierende Bedeutung.

Wir sind dann an einem Punkt, wo uns nichts mehr von unserem Weg abbringen kann. Wir wissen, dass wir auf dem Heimweg sind, dass wir irgendwann unser Ziel erreichen werden.

Beten

Wenn wir uns ausgerichtet haben auf das Ziel der Vereinigung mit Gott, bitten wir irgendwann nicht mehr um die Erfüllung materieller Wünsche; sonst sind wir nichts als Bettler.

Wir beten nicht darum, schön, reich, begehrenswert und erfolgreich zu sein. Wir bieten auch keinerlei Handel an, nach dem Motto: Lass mich den Jackpot gewinnen, dann will ich viel Gutes tun. Oder: Wenn ich diese Frau erobern darf, will ich hinfort fromm sein. Oder: Wenn Du mich gesund machst, werde ich regelmäßig in die Kirche gehen.

Wir beten, bitten, betteln darum, wach zu sein, uns selbst zu erkennen, uns selbst zu überwinden, gut zu sein und Gutes zu tun. Wir beten, ausreichend gesund sein zu dürfen, um kraftvoll den geistigen Weg zu gehen.

Wir beten darum, lieben zu dürfen, mitfühlende Liebende zu sein wie Jesus Christus und Buddha Liebende gewesen sind, auch wenn wir im Augenblick Lichtjahre entfernt scheinen von diesen Giganten der Liebe.

Wir beten, uns reinigen zu dürfen, frei zu werden von allen Strukturen des Ego, von allen Vorstellungen und Wünschen.

Wir beten, die Wahrheit erkennen zu dürfen, Weisheit zu erlangen, die der Intuition des Herzens entspringt und mit der Gelehrsamkeit des Verstandes nichts zu tun hat.

Wir beten um Erlösung und Gnade.

Vor allem aber beten wir für andere. Wir dürfen erfahren, dass alles Leiden, aller Kummer, alles Unglück, das uns in unserer Umgebung und in der Welt begegnet, in vielen Fällen gelindert und gemindert werden kann. Tatsächlich können wirkliche Wunder geschehen durch die Kraft unserer Fürbitten für andere, durch die Kraft der Liebe und des Mitgefühls in unseren Herzen. Wir bitten grundsätzlich darum, dass das geschieht, was für die geistige Entwicklung des oder der anderen richtig ist. Natürlich fügen wir unsere persönlichen guten Wünsche bei, wohlwissend, dass die wahre Hilfe ganz anders aussehen kann als in unserer Vorstellung.

Mantram

In uns tragen wir ein höchstes und ein niederstes Prinzip und natürlich alle denkbaren Zwischenstufen. Das ist menschlich und dualitätsbedingt.

In jeder Sekunde (allerdings nur, wenn wir wach dafür sind) haben wir die Wahl, uns zu formen nach dem, was wir fühlen, denken, sprechen und handeln. All dieses trägt das Potential prägender Substanz in sich. Substanz, die unsere Persönlichkeit formt und wandelt und im Idealfall ent-wickelt.

Das wird in drastischer Weise anschaulich, wenn wir einen Menschen, der häufig „Scheiße" sagt und denkt (und dem dann tatsächlich auch viel davon begegnet), vergleichen mit einem anderen, der ständig „Ich liebe" oder „Ich Bin" oder „Christus" denkt und der dadurch buchstäblich in einer anderen, himmlischen Welt lebt.

Der physische Mensch besteht weitgehend aus Wasser, welches mantrisch beeinflussbar ist. Das Mantram wirkt – auch wenn nicht alle das empfinden können. Durch ständiges Mantram-denken beeinflussen wir Frequenzen in uns – wir werden zum Mantram.

„Zuerst tun Sie das Mantram – dann tut das Mantram Sie", sagte einst der große Sufi Bhai Sahib seiner Schülerin Irina Tweedie, deren Weg nach dem Tode ihres Lehrers entscheidend durch Japa-Yoga (Weg des Mantram-sprechens) geprägt war.

Mit dem Mantram richten wir unsere Gedanken ununterbrochen auf Ihn oder auf einen Seiner Söhne, Krishna, Buddha, Jesus Christus, auf die Göttliche Mutter oder eine Ihrer Töchter. Oder auch auf Ziele unseres Strebens wie Liebe, Demut,

Hingabe – unter Umständen auch auf irdische Wünsche wie eiserne Kraft und Gesundheit.

Wir werden unweigerlich zu dem, was wir uns ununterbrochen wünschen. Dazu muss das Mantram rund um die Uhr in uns laufen. Wir schlafen damit ein und wachen damit auf. Wir denken es eine Million Male – und dann kommen wir an.

In russisch orthodoxen Klöstern übten Mönche und Nonnen das ununterbrochene Herz-Jesu-Gebet: „Herr Jesus Christus erbarme Dich meiner!"

Bei den Buddhisten gibt es das „OM" und das „Om Mani Padme Hum", bei den Sufis das „Alhillallah", bei den Hindus das „Ramanama".

Ein altes persisches Lied meint auch das Mantram-halten mit folgenden Zeilen: „Wer all die Zeit mit Mir ist, Tag und Nacht ständig bei Mir weilt, wer ohne MICH nichts tut, ohne MICH nicht isst noch schläft, wessen Gedanken all die Zeit auf MICH gerichtet sind, zu dem komme ICH, und in dessen Herzen lebe ICH."

Das richtige Mantram ist ein „Sehnsucht–booster" und damit ein Werkzeug, das uns ausrichtet auf die höchsten Kräfte und uns jede Sekunde mit unserem Ziel verbindet.

Der mit dem Mantram belegte Atem lenkt die Energie in unserer Meditation und die Lebenskraft bei Heilbehandlungen.

Und wenn die Seele eines Tages den Körper zurücklässt und wir aus eigener Kraft oder mit Hilfe uns begleitender Brüder und Schwestern es schaffen, im Mantram zu bleiben, dann ist es den Astralwinden nicht möglich, uns mit sich fortzureißen. Wir haben dann die Kraft, uns nach nichts zurückzusehnen, was uns mit dem Erdenleben verband und folgen den Engeln ins strahlende Licht.

Wir werden zu dem, was wir denken

Die Meister sagen: „Was wir denken - IST!"

Gedanken werden in der geistigen Welt gespeichert und bleiben für alle Zeiten abrufbar. Deshalb ist es so wichtig, bewusst zu denken und nur das, was wir denken WOLLEN.

Die Meister empfehlen uns, erhabene Gedanken zu denken. Wir sind die Schöpfer in uns, entscheiden in jedem Moment, ob wir Schrott oder Gutes erschaffen und entsprechend handeln.

Niemand kann uns zwingen, übellaunig, aggressiv, phlegmatisch, neidisch, geizig usw. zu sein. Und niemand kann uns hindern, wenn wir beschließen, die jeweilige positive Gegenkraft einzusetzen, also freundlich, ausgleichend, hilfsbereit, liebevoll, wohlwollend und großzügig aufzutreten.

Wenn wir so in wachem Zustand die jeweils gute Seite in uns stärken, werden wir den weniger guten Seiten nach und nach mangels Aufmerksamkeit die Nahrung entziehen. Es fällt uns dann immer leichter, Erhabenes zu denken.

Und zwar nicht nur zu denken, sondern auch umzusetzen. Viele erfahren das bei der Anwendung kraftvoller Affirmationen, die Wunder bewirken können.

So kann Ent-Wicklung stattfinden, zu einem Menschen, der hilfsbereit, nachsichtig, liebevoll, mitfühlend und angstfrei ist.

In uns lebt das Höchste wie das Niedrigste, Heilsames und Unheilsames, und in jeder Sekunde dürfen wir wählen. Allerdings nur, wenn wir wach bleiben und erkennen, dass wir diese Wahl wirklich immer haben. Wir haben diese Wahl und damit die Verantwortung.

„Es ist nur ein Gottesdienst, dass man nichts Böses tut." (*Hermes Trismegistos*)

Sehnsucht

Das nachfolgende Gedicht von Yogananda handelt von der Sehnsucht, die hier gemeint ist:

„Wie man Antwort von IHM erhält
Ob Er dir antwortet oder nicht, gib dein Rufen nie auf.
Bete zu Ihm im Kämmerlein deines Herzens, rufe Ihn unentwegt an.
Ob Er kommt oder nicht, glaube fest, dass Er den sehnsüchtigen Ruf deines Herzens vernimmt und dir von Tag zu Tag näher kommt.
Ob Er dein Flehen erhört oder nicht, bitte Ihn immerfort, auch wenn du nicht die gewünschte Antwort erhältst. Sei überzeugt, dass Er auf heimliche Weise deinem Verlangen entspricht.
Wisse, dass Er es ist, der dich in unergründliche Tiefen des Betens verlockt und dich dort nach Ihm suchen lässt.
Wenn du im Trubel des Lebens, in Krankheit und Tod unentwegt nach Ihm rufst, wenn du dich durch Sein scheinbares Schweigen nie entmutigen lässt, dann wirst du schließlich Seine Antwort vernehmen."

„Es braucht Zeit, eine Seele mit Gott schwanger zu machen". *(Bhai Sahib)* Es braucht Ausrichtung auf die Vereinigung mit Ihm als höchstes Ziel. Es braucht Läuterung, Vertrauen, Demut, Hingabe. Es braucht Ausdauer und Geduld. Es braucht Kontemplation und Meditation, Nähe, Gewahrsein, Liebe und Sehnsucht.

Ohne Sehnsucht werden wir nichts erreichen. Die Meister sagen uns, dass die Sehnsucht nach Ihm so groß sein muss wie die eines Ertrinkenden nach Luft.

Auch wenn wir guten und starken Willens sind, müssen wir wissen, dass die Öffnung des Herzens für Sehnsucht und bedingungslose Liebe ein allmählicher, vielleicht Jahre dauernder Prozess ist. Aber, wenn wir seriös sind in unserem Streben nach Reinheit, Selbsterkenntnis und Dienst am Mitgeschöpf, dann stellen sich irgendwann Veränderungen und Verheißungen ein.

Und die motivieren uns dann immer stärker, bis wir eines Tages felsenfest wissen, dass es keine Alternative gibt zu diesem Weg der Sehnsucht, der nach innen führt, und dass alles Äußere, Glück wie Unglück, nur Beiwerk und Lernprogramm ist.

Liebe

Die romantische Liebe, vielfach besungen und allerorten ersehnt, die jeder, der sie einmal erlebt hat, entweder festhalten oder wiederholen möchte, diese herrliche Mischung aus Entzücken, Leidenschaft und Blindheit, diese Vergötterung eines geliebten Menschen, ist – wie jeder aus eigener Erfahrung früher oder später feststellt – eine Illusion, gespeist aus Begehren und Habenwollen in gegenseitiger Abhängigkeit und unter weitgehendem Ausschluss des Restes der Welt.

Das Erwachen ist schmerzhaft bis unerträglich, besonders für den, der „mehr liebt" als der andere, also tiefer in den Traum verstrickt ist und versucht, zu halten, was nicht zu halten ist.

Das Liebeserleben endet häufig in Drama, Verzweiflung und Tränen, Eifersucht und Gewalt, Gleichgültigkeit, Ablehnung, Hass und Trennung.

Einige Partnerschaften verkraften dieses Sich-verflüchtigen des Feuers, wenn grundsätzliche Zuneigung und Entsprechung über gemeinsame Interessen vorhanden sind oder man sich aus Vernunftgründen arrangiert. Andere, die auseinandergehen, suchen das Feuer immer wieder bei neuen Partnern.

Wir sehnen uns nach Liebe, wir brauchen Liebe, unser Ursprung und unser Endziel ist Liebe. Wir können das haben, sobald wir selbst mit aller Kraft lieben, ohne darauf zu bestehen, wiedergeliebt zu werden!

Unser Problem ist die Erwartungshaltung, dass unsere Liebe so erwidert wird, wie wir uns das vorstellen. Und wenn bei uns die Liebe zuerst aufhört, dann ist uns die gleiche Erwartungshaltung des anderen schnell lästig. Der klammert! Oder bei uns

hat sich dieses Klammern zusammen mit unserer Liebe verabschiedet, und wir sind vielleicht schon auf der Suche nach einer „neuen Liebe" und neuer Erwartung, dass dann alles besser wird. Wird es aber in der Regel nicht, solange wir in uns keine Veränderung herbeiführen.

Dabei kann nichts und niemand auf der Welt uns hindern, zu lieben, wenn wir lieben WOLLEN und in der geistigen Ausrichtung lernen, bedingungslos zu lieben.

Wir müssen allerdings sehr mutig und stark und voller Vertrauen in unseren Weg sein. Der Entschluss, ein Liebender oder eine Liebende zu sein, macht uns verletzlich, ist immer mit Geben und Opfern verbunden, ohne Erwartung an Dank und Erwiderung. Er schließt alle ein, die uns begegnen und hängt nicht davon ab, wie attraktiv und liebenswert diese sind.

Liebe erwächst im Herzen durch Reinigung und Gnade am Ende eines längeren Prozesses seriösen Lieben-wollens. Wenn wir lieben WOLLEN, nicht nur möchten, werden wir eines Tages lieben. Und wenn alle, die dieses Potential in sich tragen, davon Gebrauch machen, wird das die Welt grundlegend verändern. Die Meister sagen, dass ein wahrhaft Liebender eine wirksam positive Ausstrahlung auf Tausende von Menschen hat und dass ein voll verwirklichter Mensch, ein Meister also – bis zu 10 Millionen Menschen mit seiner Liebe erreicht. Sie sagen, dass die Fähigkeit unseres Herzens, zu lieben, unbegrenzt ist, wenn wir nur endlich aufhören, uns als getrennt von allen anderen zu sehen, was die Ursache der Selbstsucht ist.

Die Menschheit ist eine Einheit. Die Seelen stehen alle an unterschiedlichen Punkten ihrer Ent-Wicklung, so wie in der Schule einige gerade eingeschult werden und andere vor der Reifeprüfung stehen. Ähnlich wohlwollend, wie der Abiturient die Schüler unterer Klassen ansieht, schaut auch die ältere Seele, die die allumfassende Liebe anstrebt, nicht mit Kritik auf die jüngere herab, die nur die romantische Liebe im Kopf hat. Wahre Liebe kennt da keine Unterscheidung.

„Liebe ist Sein, ist die Weigerung zu trennen", so die Formulierung der Meister und weiter: „Gewahrsein ist Liebe"; denn nur, wenn wir wach und achtsam sind, werden wir nicht trennen.

Also weigern wir uns, auch nur eine Sekunde aus der Liebe zu fallen und programmieren uns damit zur Liebe. Ohne großes Aufsehen zu erregen und ohne esoterisches Getue. Die Liebe schließt auch unsere Feinde nicht aus und ebenso wenig Menschen, die Verbrechen begehen. Wir verabscheuen ihre Taten, sie selbst brauchen Mitgefühl und Neutralität, „denn sie wissen nicht, was sie tun", und auch das Raubtier ist Teil der Schöpfung und Einheit!

Liebe ist also völlig bedingungslos und nicht von einem liebenswerten Gegenüber abhängig. Sie ist ein innerer Zustand, der uns frei macht und glücklich. Sie führt uns in selige Zustände, frei von Begehren, Abhängigkeit und Angst.

Im ersten Brief des Paulus an die Korinther findet sich die folgende Beschreibung der Liebe:

Die Liebe ist geduldig, Sie ist gütig,
Sie ist nicht neidisch, Sie tut nichts Böses,
Sie ist nicht aufgeblasen,
Sie ist nicht ehrgeizig, Sucht nicht ihren Vorteil,
Sie empört sich nicht, Denkt nicht schlecht,
Freut sich nicht über die Schlechtigkeit, Genießt die Wahrheit,
Erträgt alles, was ertragen werden muss, Glaubt alles,
hofft alles und erduldet alles.

Indem wir auf diese Art lieben, kommen wir ganz von selbst in ein persönliches und ein überpersönliches Liebesverhältnis zu Gott. Wir lieben Ihn/Sie automatisch immer mit allem, was unsere Liebe berührt; denn Er/Sie ist in allen und allem. Je bedingungsloser und umfassender wir lieben, desto sicherer nähern wir uns dem Ziel allen Liebens und dem Ziel allen spirituellen Strebens - der Vereinigung mit Ihm/Ihr.

Weisheit

Weisheit lässt sich nicht erlernen, hat nichts zu tun mit Bildung und Gelehrsamkeit, kann durch das Studium von Büchern nicht erworben werden und stellt sich nicht wirklich von selbst ein durch Älterwerden.

Vergangene Generationen hatten Ehrfurcht vor der sogenannten Altersweisheit, gewachsen aus den Erfahrungen vieler Jahrzehnte. Es gab den Ältestenrat, der angehört wurde, bevor Entscheidungen fielen. Auch heute noch applaudiert die Öffentlichkeit sogenannten „elder statesmen", meistens charismatisch eloquenten Expräsidenten, die nicht mehr am Drücker sind und es sich leisten, der Gegenwart die Leviten zu lesen. Und unsere Wirtschaftsprognosen stützen sich auf Aussagen der „Wirtschaftsweisen".

Weisheit im Alter kann in gewissem Umfang erworben werden. Sie entsteht aus stillem und tiefem Reflektieren von Erfahrungen und Lernschritten des eigenen Lebens, wenn die innere Aufarbeitung absolut selbstkritisch, ehrlich und frei von Emotionen ist. Das aber entfällt heutzutage weitgehend, weil rund um die Uhr ein Angebot von Ablenkung und Unterhaltung dieses Reflektieren verhindert. Der Verstand will beschäftigt werden und sucht immer den leichtesten Weg.

Tatsächlich ist der ruhelose Verstand der große Verhinderer von Weisheit. Ein gesunder, analytisch geschulter Intellekt ist durchaus nützlich und grundsätzlich eine gute Voraussetzung auf dem Weg zur Weisheit. Er muss allerdings gezähmt und erzogen werden – gegen seinen erbitterten Widerstand. Er soll unser Diener sein, nicht unser Herr, und dazu wird er nur, wenn wir es schaffen, die Gedanken zu kontrollieren. Jeden Gedanken! Nur das zu denken, was wir wirklich wollen.

Niemand wird und kann uns hindern, ausschließlich heilsame und erhabene Gedanken zu haben – außer wir selbst lassen anderes zu. Wir werden zu dem, was wir denken!

Wenn wir auf dem Weg sind, bemühen wir uns daher ständig um Gedankenkontrolle und bestimmen die gewünschte Richtung durch liebevolle, mitfühlende und immer selbstkritische Gedanken bei gleichzeitiger wacher Beobachtung unseres Tuns. Auf diese Weise erwerben wir Wissen durch Schulung und Erfahrung, arbeiten an unserer Selbsterkenntnis und unserem Einfühlungsvermögen allem gegenüber, was uns begegnet. Gleichzeitig unterwerfen wir dieses Wissen dem Mitgefühl und Verständnis unseres Herzens. Und letztlich setzen wir das Erlernte um in Handlung und Hilfsbereitschaft. Dieses Umsetzen erst verwandelt uns und ist der entscheidende Schritt.

Klingt anstrengend und ist tatsächlich maßlos und kompromisslos fordernd. Und bereitet tiefe Freude, wenn wir die Fortschritte an uns erleben.

Wo Liebe und Wahrheit wohnen, ist auch die Weisheit zuhause.

Mitgefühl

Alles in der Welt will beachtet werden, braucht Zustimmung und Mitgefühl.

Die Buddhisten sprechen von Mitgefühl als dem „wunscherfüllenden Juwel". Diese Wunscherfüllung hat eine zweifache Wirkung, erstens für den Leidenden, der Trost und Linderung erfährt, und zweitens für den Mitfühlenden durch einen Zuwachs an liebevoller Zuwendung und damit einem Schritt in Richtung Ziel.

Mitgefühl macht uns auf im Verständnis für den anderen, führt zu vollem Verstehen durch Hineinversetzen, erzeugt Kreativität im Helfen, lässt die Intuition reifen, macht uns fähig zu helfen, zu heilen und zu lieben.

Unser Mitgefühl gehört dem Leiden aller Wesen in dieser Welt der Dualität und unsere besondere Aufmerksamkeit dem Leiden, das wir Menschen anrichten durch Gefangensein in unseren Konditionierungen, unseren Strukturen und Programmen, Gewohnheiten, Traditionen, Konventionen usw. – was im Wesentlichen durch Gier und Angst, durch Haben- und Nicht-Habenwollen in uns lebt.

Tiefes Mitgefühl gebührt auch der Tierwelt in ständig wachsendem Leidensdruck, erzeugt von uns Menschen durch Umweltzerstörung, Profit- und Fressgier, Gleichgültigkeit und Grausamkeit – Tierversuche, Schlachtmethoden, Massentierhaltung, Ausrottung der Arten. Schon zu Beginn des letzten Jahrhunderts sagte R. Steiner: „Es werden ganze Weltenalter an Liebe benötigt, um das Unrecht an den Tieren wieder gutzumachen."

Unser Mitgefühl darf allerdings nicht haltmachen vor denen, die sich schuldig gemacht haben. Der Mitfühlende verabscheut die Tat, aber nie den Täter.

Auch ein Massenmörder, in der Regel ein Mensch, dem selbst jedes Mitgefühl fehlt, benötigt Mitgefühl und Vergebung. Dazu mahnt uns die Bibel: „Richtet nicht, auf dass Ihr nicht gerichtet werdet."

Vertrauen

Die Meister sagen uns, dass Vertrauen eine der wichtigsten Voraussetzungen ist für die Schülerschaft auf dem geistigen Weg.

Vertrauen ist die Qualität, ohne die wir weder lieben noch uns hingeben können – auch im äußeren Leben nicht.

Vertrauen ist das Gefühl tief im Herzen, dass es eine höchste gütige Kraft gibt, die über allem steht und waltet.

Vertrauen, weit mehr als Glauben, steht über Zweifel und Nichtwissen und benötigt keine äußerlichen Beweise.

Vertrauen ist intuitives Erkennen der Wahrheit.

Vertrauen lässt uns die Suche nach Liebe und Wahrheit als Lebensaufgabe erwählen.

Vertrauen bewirkt, dass wir immer weniger Angst haben und uns allem stellen, was uns begegnet.

Vertrauen lässt uns das Unvermeidliche akzeptieren und verhilft uns zunehmend zu heiterer Gelassenheit.

Die Meister sagen noch vieles mehr, das wir nur annehmen werden, wenn wir Vertrauen haben:

Dass wir, wenn wir seriös auf dem Weg sind, dem Zufall nicht mehr unterliegen, weil eine geistige Führung einsetzt.

Dass wir in allem und jedem immer nur uns selbst begegnen, unserem ganz persönlichen Lernprogramm und dass uns nichts geschieht, was uns schadet.

Dass wir das, was uns zugemutet wird, letzten Endes auch tragen können. Dass sie uns nur dann helfen können, wenn wir auch ihnen voll vertrauen, und sie geben uns Monate und Jahre, um dieses Vertrauen aufzubauen.

Dass Vertrauen erlernbar ist und mit dem Mut zum Versuch eingeleitet wird.

Und schließlich, dass wahres Vertrauen Gottvertrauen ist.

Ob wir wirklich vertrauen oder uns nur etwas vormachen, zeigt sich dann in kritischen Situationen, wenn es dann anders kommt oder nicht so läuft, wie wir uns das vorgestellt haben.

„Wenn sie dich prüfen, lieben dich die Götter", so heißt es, und in der Nachfolge sollen wir unser Kreuz nehmen und wandeln.

Nehmen wir an, dass bei uns unerwartet eine schwere Erkrankung, z. B. Krebs, diagnostiziert wird:

Als erstes fühlen wir Schock und Widerstand. Wieso wir und wieso ausgerechnet Krebs? Wo wir doch seit Jahren vegetarisch und sehr bewusst biologisch essen, schon ewig das Rauchen und irgendwann den Alkohol aufgegeben haben, und beten tun wir schließlich auch. Mühsam meldet sich das Vertrauen und hält dagegen: Wir sind ewige Wesen, den Tod gibt es nicht, nur die Verwandlung. Nur der Körper ist sterblich, der Zeitpunkt und die Umstände des Todes karmisch geprägt. Uns geschieht nichts, was uns schadet – dieser Krebs wie alles andere, was uns zustößt, Angenehmes wie Unangenehmes, ist Teil unseres Lernprogramms, und ganz sicher müssen wir die Verantwortung dafür übernehmen. Und tatsächlich relativiert sich mit zunehmender Akzeptanz der Schrecken. Wir haben schließlich gelernt, uns zu polarisieren, Angst in Furchtlosigkeit, Widerstand in Akzeptanz, Zweifel in Vertrauen und Schmerz in etwas Aushaltbares zu verwandeln! Die Meister sollen ihre Zeit mit uns nicht ganz und gar verschwendet haben. Das funktioniert!! Nicht ein für alle Mal, aber immer wieder neu, wenn wir wach und stark genug sind. Und darauf kommt es an.

Der geistige Weg ist für die Mutigen, die durch das Feuer gehen. Mit jeder erfolgreichen Polarisierung und jeder bestandenen Prüfung werden wir stärker. Dankbarkeit und Liebe für unseren Weg und unsere Lehrer durchströmen uns. Und schon verliert die Krankheit an Dominanz, reduziert sich auf Stunden, Tage, Zeiten die möglicherweise immer wieder mal schmerzhaft und unangenehm sind. Doch liegen Perioden dazwischen, die wieder gut sind und Lebensfreude zulassen, und es ist immer auch möglich, dass sich wieder bessere Zeiten einstellen.

Unser Vertrauen, wenn es unerschütterlich ist, hilft uns, das, was ist, zu akzeptieren. In der Akzeptanz liegt bekanntlich die Auflösung.

Hingabe

Hingabe ist immer nur möglich, wenn Vertrauen und Liebe bereits da sind. Streng genommen bedingen sich alle drei Zustände gegenseitig.

Hingabe hat immer etwas mit Gott zu tun. Welchem Ding auch immer wir uns hingeben, welchem Wesen, welchem Werk, welcher Tätigkeit – wenn wir es uneingeschränkt tun mit Liebe und Vertrauen, ist es immer eine Hingabe an das Geistig-Göttliche, das dahintersteht.

Verliebte geben sich dem geliebten Partner hin – den sie eine Weile vergöttern. Künstler und Kreative empfangen göttliche Inspiration, wenn sie sich ihrem Werk hingeben.

Der geistige Weg fordert von uns die totale Hingabe an das All und den Einen. Alles andere, was uns sonst in diesem Leben wichtig ist – Beruf, Familie, Lebensgestaltung – wird dann zum not-wendigen Beiwerk.

Die saloppe Bezeichnung „not-wendiges Beiwerk" bitte nicht missverstehen – wir geben auch da unser Bestes mit Liebe, Freude, Einsatz und Akzeptanz. Das ist ja gerade unser Lernprogramm, welches uns die dringliche Not-Wendigkeit vor Augen führt, der wir uns dann hingeben.

Diese totale Hingabe fordert von uns den Mut, alles eigene Wollen aufzugeben mit der Bitte an den Allerhöchsten: „Mach mit mir, was Du für richtig hältst".

Anfangs ist diese Hingabe beunruhigend und furchteinflößend. Das Ego in all seinen Strukturen erzittert förmlich und spürbar unter dieser Bedrohung. Irgendwann beseitigt man die Ängste und Widerstände, um dann ein grenzloses Gefühl von Erleichterung und Frieden zu spüren: Du bist auf dem Weg nachhause!

Segnen

Jeder von uns hat die Kraft, zu segnen oder zu verfluchen, in jedem einzelnen Augenblick. Das sagen uns die Meister.

So lernen wir auf dem Weg, alles zu segnen, was uns begegnet: alle Wesen, insbesondere alle Menschen, die Schöpfung, die Umstände unserer Inkarnation. Die Möglichkeiten sind grenzenlos.

Eine weitere Empfehlung der Meister ist, ständig erhabene Gedanken zu denken – Segnen ist erhaben.

Wir segnen den geistigen Weg, unsere Lehrer, die Meditation, die Selbsterkenntnis, die Auflösung des Ego, die Liebe, die Wahrheit, die Rückverbindung und Vereinigung mit dem Göttlichen.

Wir segnen vom Aufstehen bis zum Einschlafen den Kosmos, die Welt, unser Zuhause, den neuen Tag, den Arbeitsplatz und die Tätigkeit, die wir ausüben.

Wir segnen auch Tiere, die uns begegnen, den überfahrenen Igel auf der Straße, die Maus in der Falle, sogar die Fliege, die wir als Plage empfanden und erschlugen.

Wir segnen Sonne und Regen, Natur und Landschaft, wir segnen alles, was wir pflanzen und essen.

Wir segnen ohne Scheu und ohne Aufsehen zu erregen, in der Öffentlichkeit besser mental ohne segnende Geste mit den Händen.

Wir segnen Menschen, die uns begegnen, zuhause, auf der Straße, in der Bahn, in der Arztpraxis, im Verkehrsstau, in der Kirche, im Kino, im Restaurant, im Krankenhaus.

Segnen ist unendlich beglückender und sinnvoller als Kritisieren, Schimpfen, Fluchen oder Gleichgültigsein.

Wir machen die Erfahrung, wie unser Segen das Umfeld verändert. Das kann ganz spontan oder irgendwann auftreten, im kleinen wie im großen: Die Nachbarn werden freundlicher, streitende Parteien vertragen sich, bedrückte Gesichter in der Arztpraxis hellen sich auf, Vorgesetzte werden milder, Tiere nähern sich vertrauensvoll, Pflanzen gedeihen sichtbar besser, alle Welt begegnet uns freundlich.

So fällt der Segen auf uns zurück. Reflexion als Teil des Gesetzes von Ursache und Wirkung ist auch hier am Werk.

Gnade

Die Gnade begleitet unser geistiges Streben, und wir dürfen durchaus um die Gnade bitten, hohe Ziele zu erreichen.

Allein die Möglichkeit der Entwicklung durch die Inkarnation auf diesem Planeten, das Erwachen von Sehnsucht nach Höherem, der Antrieb zur Selbsterkenntnis sind jedes für sich bereits Gnadenimpulse und keinesfalls selbstverständlich.

Besondere Gnade beschert uns den Lehrer, wenn wir soweit sind, ihm begegnen zu dürfen. Dann könnten sie sich öffnen für uns, die „Tore der Gnade".

Die Gnade kann sogar erzwungen werden durch konsequent richtiges Handeln, so sagen die Meister.

Gnade kann die scheinbare Unbarmherzigkeit karmischer Ursache und Wirkung – also absoluter Gerechtigkeit – aufheben. Sie könnte gar den reueerfüllten Mörder zum Heiligen machen, vielleicht sogar eher als den Vielredner, dessen blind plappernder Verstand nichts zulässt als eigene Vorstellungen.

Durch Gnade und Reinigung erwacht in uns die Liebe. Diese Gnade nennen die Spanier „la gracia de Dios", also den Dank Gottes.

Intuition

Intuition entspringt dem göttlichen Prinzip des inneren Wachzustandes.

Sie liefert spontane Erkenntnis-Impulse und den Anreiz, diese zum Ausdruck zu bringen, bzw. sie in Handlung umzusetzen. Diese Gabe können wir mit Hilfe der Selbstbeobachtung entwickeln, wenn wir auf die Impulse achtgeben.

Intuitions-Impulse kommen nicht von der Ratio, sie kommen vom Herzen. Sie können immer da sein, wenn wir dem ruhelosen Verstand nicht erlauben, sich über sie hinwegzusetzen.

„Ich beobachte mich" ist eine ständige Übung, bei der das höhere Selbst den (überwiegenden, schläfrigen) Rest von uns beobachtet.

Und wir lauschen auf die innere Stille, die sich einstellt, wenn wir ganz und gar in die konzentrative Ruhe gehen, wie das in der Meditation geschieht.

Oder wir stellen uns die Frage: „Was braucht der andere gerade jetzt?" Mit der Bemühung, auf ihn einzugehen, uns in ihn hineinzuversetzen. Je konzentrierter uns das gelingt, desto wahrscheinlicher dämmert uns eine Möglichkeit auf, kreativ zu helfen.

Aus der Intuition erwächst wahres Wissen – also Weisheit. Wissen, das nichts mit Gelehrsamkeit zu tun hat.

Wie sonst wäre es möglich, dass ein „ungebildeter" Schäfer, der sein Leben in weitgehender Abgeschiedenheit mit seinen Tieren verbringt, plötzlich zum Weisen und Heiler wird?

Oder nehmen wir den einfachen Tabakhändler aus Bombay, der unter dem Namen Sri Nisargadatta Suchende aus aller Welt mit seinen weisen Worten verblüffte. Da offenbart sich die höhere Ebene als Quelle aller Intuition.

Vergib mir so, wie ich vergebe ...

Im Vaterunser bitten wir darum, unser tägliches Brot zu erhalten, nicht in Versuchung geführt zu werden und vom Übel erlöst zu werden. Und wir bitten um Vergebung unserer Schuld.

Das Gebet nimmt uns aber nur zu einem dieser Punkte in die Pflicht, selbst etwas zu tun.

Es verpflichtet uns nicht ausdrücklich, dass auch wir etwas tun müssen, um unser Brot zu verdienen, um den Versuchungen zu widerstehen, oder um dem Übel aus eigener Kraft etwas entgegenzusetzen. Aber da, wo wir um Vergebung bitten, lässt es uns fortfahren: „... so, wie wir vergeben unseren Schuldigern."

Es lässt uns also Gott bitten, uns in dem Maße zu vergeben, in dem wir selbst vergeben. Nicht mehr und nicht weniger!

Seien wir doch ehrlich: Obwohl wir selbst ständig verletzen, beleidigen, kritisieren, verurteilen, schlecht reden, denken und handeln, nehmen wir allen übrigen jede Kleinigkeit übel und tragen, wenn wir uns verletzt fühlen, Tage, Monate, Jahre und schlimmstenfalls bis ins Grab, Kummer, Groll, Ablehnung oder gar Hass und Rachegefühle im Herzen. Und wundern uns dann, wenn uns nicht vergeben wird und sich das ausdrückt in so manchem, was schiefläuft in unserem Leben.

Es hat eine tiefe Bedeutung, dass das Gebet diesen einen zentralen Punkt heraushebt – die Vergebung. Überall da, wo sie fehlt, wird getrennt, gestritten, prozessiert, werden Kriege geführt, Vergeltungsmaßnahmen gefordert und Racheakte begangen.

Auf dem geistigen Weg dürfen wir uns tagtäglich bemühen, ausnahmslos und spontan zu vergeben. Wir schulen uns, nachsichtig und wohlwollend oder mindestens neutral zu bleiben in der klaren Erkenntnis, dass der andere/die anderen in diesem Moment gar nicht anders können, sozusagen ihren Egostrukturen ausgeliefert sind. Und mit dem Wissen, dass wir vergeben müssen, um nicht in den allgemeinen karmischen Strudel hineingerissen zu werden.

Immer, wenn wir spontan und bedingungslos vergeben, bewirkt das Frieden – in uns selbst und in der Welt.

Der große Liebende, der vor rund 2000 Jahren das Vaterunser für die Welt formulierte, hat dann selbst Vergebung beispielhaft vorgelebt, als man ihn kreuzigte und er dazu ausrief:

„Vater, vergib ihnen, denn sie wissen nicht, was sie tun."

Geduld

Die Selbsterziehung zur Geduld ist auch so eine Sache, die uns über längere Zeit Prioritäten abverlangt.

Als erstes üben wir, Geduld für uns selbst aufzubringen und für alles, was wir uns vornehmen.

Wir setzen uns ein höchstes Ziel und geben unser Bestes dafür, kontinuierlich, aber ohne Stress.

Wir vertrauen, dass sich alles so entwickeln wird, wie es für uns richtig ist und wissen, wie und woran wir arbeiten müssen.

Aber wir setzen uns nicht unter Erfolgsdruck. Wir übernehmen Verantwortung für unser Tun und nicht für die Resultate. Geduld heißt auch, keine Erwartungshaltung und keinen Ehrgeiz zu haben. Damit sind schon mal zwei Strukturen benannt, die automatisch geschwächt werden, wenn wir die Geduld bearbeiten.

Wenn wir erst soweit sind, Geduld für uns aufzubringen, fällt es uns schon leichter, mit dem Rest der Welt genauso geduldig zu sein. Dazu analysieren wir, was die negative Struktur Ungeduld so alles mit uns anstellt:

Wie sie uns hart und blind und unruhig macht und kein Interesse zeigt für das, was die anderen bewegt.

Wie sie uns verleitet, vorschnell, unvorsichtig und fehlerhaft zu handeln, nur, weil wir den richtigen Zeitpunkt nicht abwarten können.

Wie sie uns aggressiv und laut macht. Usw. usw.

Deshalb präparieren wir uns mit Entschluss und Gegenkraft und der nötigen Wachheit für den jeweiligen Entstehungsmoment:

a) Durch bewusstes Aushalten der Ungeduld im Inneren und ohne ihr nachzugeben – wann immer sie sich zeigt. Dadurch entziehen wir dem Elemental die Nahrung und verbrennen die Struktur fühlbar im Bewusstsein.

b) Durch das Nutzen lästiger Wartezeiten - die uns bisher prompt mit Ungeduld erfüllten - für spirituelle Übungen, Gebete, Fürbitten, Stille-sitzen usw.

c) Durch Segnen unvermeidbarer Situationen im Stau oder in Warteschlangen.

d) Durch Anrufen unserer geistigen Helfer mit der Bitte um Unterstützung unseres Bemühens.

So verwandeln wir Ungeduld in segensreich genutzte Zeit. So überwinden wir allmählich diese Egostruktur und lassen ein gewaltiges Konfliktpotential hinter uns.

Das Ego

**Gott ist keine Ursache des Bösen,
sondern wir sind es,
die das Böse über das Gute erheben**

(Hermes Trismegistos)

Der Mensch ist von Natur aus böse

(Hermes Trismegistos)

Ego - was ist das ?

Das Ego oder die selbstbewusste Persönlichkeit, in der wir unsere relative Existenz erleben, ist das Produkt der Erfahrungen vieler Leben in Freud und Leid und den daraus folgenden und prägenden Programmierungen, alles Mögliche haben oder nicht haben zu wollen - oder kurz gesagt: Die individuelle Mixtur aus Gier und Angst, die wir alle sind.

Alle Eindrücke, die unsere Sinne uns vermitteln, werden vom Denkapparat sofort kategorisiert als sympathisch oder unsympathisch, lösen Freude oder Leid aus, erwecken Ablehnung oder Zustimmung, Liebe oder Hass oder als weitere Möglichkeiten Gleichgültigkeit, Desinteresse, Neutralität.

Aus all diesen Erfahrungen formen sich unser Charakter, die Persönlichkeit, unsere Art, uns zu geben, wobei körperliche Vorzüge oder Mängel, Temperament, soziales Umfeld, Erziehung und Bildung und vieles mehr uns auch noch den Stempel aufdrücken.

Das eine wollen wir, das andere nicht – so geht das den ganzen Tag, das ganze Leben. Ständig bewerten wir, kritisieren, erschaffen Freund- und Feindbilder, hasten von einer Wunscherfüllung in die nächste, sind launisch, phlegmatisch, macht - und profitgierig, ungeduldig, lieblos, gleichgültig und dürsten gleichzeitig nach Liebe und Anerkennung.

Dazu wundern wir uns gerne über „die da oben" und ganz allgemein alle anderen, die die Schuld haben, dass die Welt voller Disharmonie und Unfrieden ist.

Dabei sind wir selbst es, jeder einzelne von uns, die einen Beitrag dazu leisten, durch unsere Egostrukturen und unseren

Widerstand gegen Selbsterkenntnis und Veränderung.

Schon die Meister des Altertums ermahnten ihre Schüler: „Erkenne dich selbst". Das wurde seither oft vorgesagt, selten vorgelebt und fast nie in vollem Umfang verstanden. In der Regel halten wir uns für gute Menschen, weitgehend ok, durchaus liebenswert und sind überzeugt, uns selbst ganz gut zu kennen. Die Welt hat uns so zu nehmen, wie wir sind. Punkt!

Wenn wir da wirklich etwas ändern wollen, müssen wir Struktur auf Struktur erkennen und auflösen, bis die alte Festplatte komplett leer ist – bis das Ego zerstört ist.

Zunächst einmal ist es überhaupt nicht schlimm, dass wir ein Ego haben. Das geht gar nicht anders; das soll sogar so sein, weil der Umkehrpunkt erst erreicht wird, wenn alle Erfahrungen gelebt wurden, alle Höhen und Tiefen menschlicher Existenz durchschritten sind. Erdenleben ist Schulung.

In irgendeinem Leben (warum nicht in diesem?) ist es dann soweit. Wir geben uns Mühe, uns selbst zu erkennen – und sind entsetzt. So entsetzt, dass das Aufhören verlockender scheint, als das Weitermachen.

Und dann machen wir uns an die Arbeit. Wenn wir ganz großes Glück haben, begegnet uns ein wahrer Lehrer – häufig dann, wenn wir bereits einige Anstrengungen gemacht haben, und wenn die Sehnsucht nach „Zuhause" bereits keimt.

Kein Lehrer in Sicht? Trotzdem beginnen! Jede Minute Egoarbeit und jede Minute Meditation ist eine Minute für die Ewigkeit. Und andererseits ist jede Minute im Schlafzustand der Selbstsucht eine verlorene Minute. Aus diesen verlorenen Minuten werden Tage, Jahre, Leben. Und, da im Geistigen nichts übersprungen werden kann, setzen wir im nächsten Leben wieder genau da an, wo wir im letzten aufgehört haben.

Wenn der Groschen endlich fällt, dass es keine Alternative zur geistigen Ausrichtung gibt, beginnen wir mit der Arbeit. Wir sollten uns nicht überschätzen dabei, indem wir gleich mit unserem krassesten Muster beginnen. Wenn wir Erfolg haben wollen, müssen wir uns anfänglich den roten Teppich gönnen. Ein Lehrer wird uns auch immer nur das zumuten, was wir gerade verkraften können, ohne den Mut zum Weitermachen zu verlieren.

Also nehmen wir uns einen uns bewussten Negativismus vor, der uns schon einige Probleme beschert hat – beispielsweise den Jähzorn.

Wir machen uns erlebte Situationen bewusst – das Entstehen der Emotion – den inneren Widerstand – die eigene Reaktion – den Schaden und die Nachteile und rufen uns in Erinnerung, wie oft wir das schon erlebt haben.

Das wollen wir ändern und fassen den felsenfesten Entschluss, diese Struktur innerhalb von 12 Monaten auszurotten. Von diesem Moment an versuchen wir, wach zu sein in der Situation, wenn sie auftritt, um dann die Emotionswelle gar nicht erst hochkommen zu lassen, sie zumindest zu mildern. Wir werden Erfolg haben, wenn es gelingt einen Moment innezuhalten, um dann in uns die Gegenkräfte zu mobilisieren, also Liebe, Verständnis, Gelassenheit.

Und - ganz wichtig – wir entschuldigen uns nach jedem Ausrutscher grundsätzlich und unter Verzicht der Schuldzuweisung an die anderen.

Auch, wenn wir 100 oder 1000mal fehlen und stolpern, auch wenn wir mehr Zeit benötigen als vorgenommen – irgendwann steht der Beobachter in uns lächelnd da, und dieses Elemental Jähzorn, das die Hermetik den unvernünftigen Zorn nennt, verliert seine Macht über uns. Es verhungert, wenn es keine Nahrung mehr bekommt.

Die positiven Auswirkungen auf einige unserer anderen Negativismen, aber auch auf unsere guten Seiten, sind überaus lohnend und vielfältig. Sicherheit, Gelassenheit und innere Kraft nehmen zu, wenn wir uns nicht mehr provozieren lassen. Wir behalten einen klaren Kopf und sind kritischen Situationen viel besser gewachsen.

Unsere Toleranz und unser Verständnis für die anderen wachsen, je mehr wir das eigene Ego durchschauen.

Alle Egostrukturen, denen wir in anderen begegnen, werden immer offensichtlicher, sind unser Spiegel. Die Bewertung der Unterschiede schmilzt dahin: mein Ego ist nicht länger etwas ganz und gar anderes und viel weniger schlimm als das, was die anderen haben. Nur die Gewichtung ist unterschiedlich. Bei dem einem ist dieses, bei dem anderen jenes ausgeprägter.

Durch allmählich reifende Erkenntnis und Bemühungen um Veränderung werden wir nachsichtig mit dem Rest der Welt, allerdings nicht mit uns selbst. Da sollten wir unerbittlich sein. Das Ego geht nicht mit Streicheleinheiten und Ausnahmeregelungen. Die anderen spiegeln uns unser eigenes Lernprogramm, und wenn wir das begriffen haben, hören wir auf mit unserer Kritik an ihnen und verwandeln diese in Selbstkritik.

Mit jeder erfolgreichen Anstrengung machen wir einen Riesenschritt nach vorne, der uns dann die Kraft für den nächsten gibt.

Die Meister lehren uns, dass unsere Negativismen etwas Wesenhaftes haben und damit Fremdbesetzung sind. Wenn wir „besessen" sind von einer Idee, steht vielleicht der Ehrgeiz dahinter oder Machtvorstellungen oder Rachsucht oder Gier oder ein anderes „Elemental": so nennt man diese Wesenheiten.

Elementale leben und nähren sich von unseren Emotionen und Süchten. Der Jähzorn benötigt unseren unkontrollierten Wutausbruch, um sich zu nähren und zu stärken. Sobald wir lernen, den Impuls zu kontrollieren, hungern wir das Elemental aus. Es wird von Mal zu Mal schwächer und vergeht irgendwann.

Die Meister sagen auch, dass diese Auflösung der Elementale deren Erlösung ist. Aus Dankbarkeit darüber stehen sie uns in Zukunft als Helfer zur Seite.

Je mehr wir uns reinigen, desto größer und spürbarer wird die Schar dieser geistigen Freunde.

Der heilige Krieg

Es gibt ihn tatsächlich – aber, wenn er heilig ist, findet er ausschließlich im Inneren statt.

Im Inneren eines Menschen, der sich für den geistigen Weg entschieden hat. Dieser Krieg ist die Auseinandersetzung zwischen Gut und Böse. Er hat die Zerstörung des eigenen niederen Selbst zum Ziel durch ständige Willensschulung zur Wachheit und Selbstbeobachtung, durch Bemühung um Selbsterkenntnis und Reinigung. Nur so kann die Liebe einziehen – durch Reinigung und Gnade.

Der dazu erforderliche Entschluss ruft prompt die Gegenkräfte auf den Plan, und es braucht Mut und Entschlossenheit und immer neue Kraftanstrengung, um nicht aufzugeben.

Die Gegenkräfte sind mächtig und siegesgewohnt. Sie agieren aus dem Unbewussten. Wir alle haben unsere Erfahrungen mit ihnen durch die „guten Vorsätze" zum Neujahrsbeginn, die wir meistens nicht durchhalten.

Unser niederes Selbst – das Ego – ist riesengroß! In jedem von uns stecken tausende negativer Strukturen. Und je schärfer der Verstand, je größer Selbstbewusstsein und Erfolgsorientierung ausgeprägt sind, je mehr wir von Wissenschaftsglauben und Materialismus-Denken beherrscht sind, je mehr Geld, Macht, Einfluss und Berühmtheit wir haben, desto größer ist in der Regel das Ego.

Ego ist Selbstsucht, ist Trennung des i c h von allen anderen. Erst i c h, dann nochmal i c h und erst danach der Rest der Welt.

Liebe aber ist die Weigerung, zu trennen.

Krieg und Frieden

Kurz nach den Ereignissen des 11. September 2001 scharte sich eine Gruppe Suchender um den Meister, den man gebeten hatte, eine Meditation für die Opfer und Hinterbliebenen auszurichten.

Alle waren voller Trauer und Eifer, jetzt etwas zu tun – Liebe und Trost und Heil auszusenden, um dem Bösen in der Welt etwas entgegen zu setzen.

Diszipliniert und schweigend – wir waren schließlich schon des längeren in der spirituellen Schulung – nahmen wir unsere Plätze ein und richteten unsere gespannte Aufmerksamkeit auf den Meister, der unbewegt und ernst mit geschlossenen Augen dasaß.

Der Geruch von Weihrauch erfüllte den Raum und im Widerschein der Kerzen erglänzten die goldfarbenen Wände und die königsblaue Kuppel in 8 m Höhe. Kein Geräusch der Außenwelt drang herein.

„IHR SEID DER KRIEG!" erhob der Meister schließlich seine Stimme und sah seine schockierten Schüler der Reihe nach an. „In jedem von euch und all den sogenannten guten Bürgern, die sich für zivilisierte, gesetzestreue Menschen halten, nimmt der Krieg seinen Anfang in Form von Lüge, Selbstdarstellung, Heuchelei, Aggression, Neid, Eifersucht, Ehrgeiz, Besserwisserei, Rechthabenwollen, Machtausübung, Profitgier, Fanatismus usw. - erfasst die Familien, die Gemeinden, die Herrschenden und auch die Kirchen überall in der Welt.

Und richtet all dieses Unfassbare, Zerstörerische, extrem Egozentrische an und boykottiert die besten Ansätze von Frieden, Wohlwollen, sozialer Gerechtigkeit und Toleranz.

In New York ist Entsetzliches geschehen: Über 3.000 Menschen sind gestorben unter schrecklichen Umständen. Ihnen und ihren Angehörigen gehören unser Mitgefühl, unsere Gebete, unsere Meditation – gar keine Frage!

Nur – was ist mit den über 30 anderen Kriegsschauplätzen in Afrika, im Mittleren Osten und anderswo, die zeitgleich toben und in den letzten Wochen und Monaten ein Vielfaches mehr an Opfern und Greueltaten hervorgebracht haben, die aber allesamt nur vereinzelt oder in Randnotizen von den Medien erwähnt werden?

Berühren uns die etwa weniger? Sollten wir nicht auch dafür meditieren? Müssen wir nicht rund um die Uhr Mitgefühl haben mit all der Disharmonie, dem Elend und Hunger und Blutvergießen in der Welt?

Und was ist mit den Tätern? Brauchen sie nicht auch Mitgefühl, oder sind wir da eher für Vergeltung oder Rache, oder was wir sonst für Gerechtigkeit halten?

Der werfe den ersten Stein....! klingelt da was bei uns?

Wenn wir uns jetzt allesamt als Heuchler erkennen, ist ein erster Schritt getan, um in Demut und Mitgefühl zu beten und zu meditieren für alles Leiden und alle Betroffenen – und für den Wandel in uns, in jedem einzelnen von uns, den Wandel, der allein zum Frieden führt.

Und mit diesen Gedanken gehen wir jetzt in die Meditation."

Frieden

Frieden hängt nicht von äußeren Umständen ab, hat nichts mit meiner Lebenssituation und schon gar nicht mit „denen da oben" oder „denen in Middle East" oder irgendwelchen anderen zu tun, sondern ausschließlich mit mir selbst.

Es ist ein Zustand, den ich nur im eigenen Inneren finden kann, und den ich mir erarbeiten kann, wenn ich wirklich WILL.

Als erstes brauche ich die Einsicht, dass ich selbst, nur weil ich so bin wie ich bin, der Auslöser von ganz viel Disharmonie und Leid bin durch schlechte Laune, Ungeduld, Aggressivität, Ablehnung, Kritik, Ehrgeiz, Besserwissen, Rechthabenwollen, Urteilen, Schlechtreden, Lieblosigkeit und noch viel mehr von der Sorte.

Als zweites muss ich das zutiefst bereuen und mich ändern wollen. Nichts mehr von wegen: „Ihr müsst mich so nehmen, wie ich bin!" oder „You can´t teach an old dog any new tricks." Auch der älteste Hund kann noch lernen.

Als drittes bedarf es eines Entschlusses für jeden einzelnen Negativismus, den wir ablegen wollen. Mit dem absoluten Willen!

Als viertes brauche ich Anleitung und Werkzeug dafür, am besten durch einen geeigneten Lehrer.

Als fünftes Geduld und Ausdauer.

Als sechstes ständige Selbstbeobachtung und Wachheit.

Als siebtes liebevolle Akzeptanz für alles, was mir begegnet.

Die geistigen Lehrer aller Zeiten sagen uns, dass unsere Umwelt und Lebensbedingungen unser Spiegel sind, unser Lernprogramm, und dass wir auf der Erde sind, um dieses

Lernprogramm zu absolvieren. Ein guter Einstieg in diese weise Einsicht ist das Bemühen um nachfolgende Erkenntnis: Die Bauchschmerzen, den Frust, den Zorn, die Depression, die ich bei jedem Konflikt erfahre, so wie das tagtäglich im Kleinen wie im Großen stattfindet mit Familie, Partner, Nachbarn, Kollegen, Mitmenschen allerorten habe ich IMMER meinetwegen und NIE des oder der anderen oder irgendwelcher Umstände wegen.

Mein Verstand hat unzählige Argumente, das weit von sich zu weisen und dem jeweils anderen den schwarzen Peter zuzuschieben; aber, wenn ich wach bin und die Größe habe, mein Eigenes hinten anzustellen und mich in den anderen hineinzuversetzen, dann sehe ich plötzlich, warum der, genau wie ich, gar nicht anders kann, als so zu handeln, wie er es gerade tut.

Und wenn ich das auflösen WILL, um meinen eigenen inneren Frieden zu finden und um in solchen Situationen NIE WIEDER Bauchschmerzen oder auch nur Unbehagen zu haben, auch keine Triumphgefühle, wenn ich dabei „siegreich" war – dann kommt ganz von selbst die Lösung; nämlich, was ICH GANZ ALLEIN hätte anders machen müssen, um die Situation zu entschärfen.

Das erfordert dann IMMER WIEDER einen eisernen Entschluss, auch nach dem hundertsten Fallen noch, ab jetzt anders zu handeln. Gelassen und heiter z. B., oder dankbar, dass ich mich ändern darf und will, oder wohlwollend, aus der Erkenntnis heraus, wie sehr und wie hilflos der andere in sein Ego verstrickt ist.

Im täglichen Miteinander habe ich ständig die Wahl zwischen Frieden einerseits und Rechthabenwollen, Mich-durchsetzen-wollen, Streiten-wollen, Schuldzuweisung, Retourkutsche usw. andererseits.

Es geht immer nur eines davon, so wie ich buchstäblich jeden Augenblick im Leben segnen oder verfluchen kann und ständig die Wahl habe, „Scheiße" zu schreien oder „Christus" zu denken.

Dazu muss ich mich immer wieder neu ausrichten und anstrengen, mich beobachten, wach, standhaft und gelassen bleiben, spontan und ausnahmslos vergeben, den Widerstand, den Zorn, das Aufbegehren, die Empörung in mir nicht zulassen. Unter Verzicht auf Murren und Knurren dabei – auf Bewerten, Kritik, Ablehnung, Ungeduld, auf Besserwissen und Siegenwollen.

Der bewusste emotionsfreie Verzicht auf all dieses bewirkt auf Dauer das Verbrennen und Aushungern der Strukturen und Egoprogrammierungen im Bewusstsein.

Das führt dann schrittweise zum inneren Frieden und zu dem einzigen Sieg, der mit aller Kraft von mir angestrebt wird – dem Sieg über mich selbst!

Der „böse" Nachbar

Wir waren gerade umgezogen und hatten uns bewusst ein Grundstück in der Nähe unseres Meisters dazu erwählt.

Ein Nachbar sprach mich an, ob er die anstehende Rohrverlegung zum Bewässerungstank 500 m außerhalb des Grundstücks übernehmen könnte. Ich lehnte das ab, weil der Mann fordernd und unverschämt auftrat und mir recht unsympathisch war.

Bald darauf beschwerte er sich, dass wir das Grundstück eingezäunt und mit einem Erdwall als Sichtschutz zur Straße umgeben hatten, wodurch es für ihn etwas umständlicher wurde, seine eigene Scholle ohne Rückwärtsmanöver mit seinem Laster zu erreichen.

Schließlich verlangte er die Versetzung des Erdwalls um mehrere Meter, obwohl meine Rückfrage bei der Gemeinde die Rechtmäßigkeit von Zaun und Erdwall bestätigt hatte. Als ich ablehnte, geriet er außer sich und schrie: „Du wirst schon sehen!"

Kurz darauf versiegte das Trinkwasser im Haus, weil jemand die Leitung außerhalb durchgesägt hatte.

Bei nächster Gelegenheit schilderte ich den Vorfall meinem Meister und bat um seinen Rat.

Er sah mich eine Augenblick an und sprach dann: „Bei uns in der Umgebung ist es all die Jahre friedlich zugegangen. Das sollte eigentlich weiter so bleiben, wenn Leute wie ihr, die sich spirituell ausrichten, dazukommen. Du solltest alles tun, um die Situation aufzulösen und nichts, was sie verschärfen könnte. Du musst dich entscheiden, ob du weiterhin auf dein Recht pochen oder ob du Frieden willst.

Das Ego dieses Mannes hat unterschwellig deine innere Ablehnung, um nicht Verachtung zu sagen, empfangen und darauf deinem Ego auf seine Art den Krieg erklärt.

Wenn einem Dummheit oder Brutalität begegnet, kann man sich nur zurücknehmen, weil diese Muster die Einsichtsfähigkeit ausschließen. Man segnet innerlich den anderen und entfernt sich. Kannst du nicht ausweichen, wie in diesem Fall, ist deine Kreativität und dein Entgegenkommen gefragt, um die Situation vollkommen aufzulösen. Also ändere deine innere Einstellung zu ihm, segne ihn, bete für ihn und akzeptiere seine Begrenzungen mit Mitgefühl und Verständnis. Tu das innerlich solange, bis du ihm vorurteilsfrei begegnen kannst und biete ihm dann einen annehmbaren, – wohlgemerkt für ihn annehmbaren – Kompromiss an.

Sag ihm, dass es dir auf gute Nachbarschaft ankommt, und dass du ihn auf keinen Fall verärgern willst. Und von dem Wasserrohr sagst du gar nichts, zumal dein Verdacht, wenn auch nicht ganz unbegründet, aber doch unbewiesen ist."

Also bereitete ich mich entsprechend vor und passte ihn irgendwann in seiner Kneipe ab. Ich grüßte ihn freundlich, gab einen Kaffee aus, sagte all das, was mein Meister mir empfohlen hatte und bot ihm an, meinen Erdwall weit genug wieder abzutragen, um die Kurve für ihn zu entschärfen. Er strahlte. Jahrelang haben wir dann immer wieder mal bei einem Kaffee ein freundliches Schwätzchen gehalten.

So einfach war das auf einmal mit der Wiederherstellung des Friedens.

„Die Kraft, die alle Wesen bindet, ...

... besiegt der Mensch, der sich überwindet." Goethe spricht mit diesem Satz die uns beherrschenden Kräfte mit karmischer Wirkung an; insbesondere das Habenwollen wie auch das Nicht-Habenwollen großer und kleiner Dinge oder Situationen, welches von morgens bis abends stattfindet und entweder Begehren oder Ablehnung in uns aufleben lässt.

Wir können auch Buddha zitieren, der die Wünsche als Ursache allen Leidens dargestellt hat.

Und schon sind wir mitten im Ego, mitten in der Dualität von Gier und Hass, die dieses Ego umtreiben. Unser Verstand ist so konditioniert, dass er dem Körper und den Emotionen Annehmlichkeiten verschaffen will und andererseits Gefahren und Unannehmlichkeiten von ihm abwehren will.

Und er ist durchaus bereit, das zu Lasten aller anderen durchzusetzen. Alle anderen um uns herum sind in ähnlicher Selbstsucht befangen und schon wird klar, in welchem Zustand sich die Erdengemeinschaft allein durch die Masse Mensch befindet.

Bei den Tieren steuert der Instinkt dasselbe Überlebensverhalten, allerdings begrenzt auf Nahrung, Revier, Fortpflanzung. Ohne menschliches Eingreifen regulieren die Naturreiche sich selbst, ohne zur Gefahr für die Erde als Lebensraum zu werden.

Die menschliche Gier ist allerdings grenzenlos. Geiz ist geil und Profit erst recht, Vorteile, Privilegien, Besitztümer werden gepflegt und angehäuft.

„Too much of a good thing is wonderful", so das Zitat einer Hollywood-Schönheit. Und dann wird das Ganze bis auf das Blut verteidigt.

Dabei halten wir uns durchaus für gute Menschen, und nur –
wenn wir ganz genau und schonungslos hingucken, werden
wir erkennen können, wie sehr wir Sklaven dieser Dualität und
damit selber Egomanen sind.

„Der Mensch ist von Natur aus böse"

(Zitat Hermes Trismegistos)

Eine solche Erkenntnis, wenn sie nicht verdrängt wird, könnte den Wunsch nach Veränderung wecken und damit die Hin-
wendung zum geistigen Weg einleiten.

Die spirituelle Schulung öffnet den Blick für die Verhaftung
an Körper und Verstand, die die Ursache für die Knechtschaft
der Seele im Körper sind. Und sie zeigt Wege auf, wie wir uns
„überwinden" können, um diese Knechtschaft zu beenden.

„Es ist immer die Mitte"

So lautete ein oft gehörter Satz meines Meisters. Als grundsätzliche Orientierung für alles, was mit geistigem Streben zu tun hat.

Eine der höchsten Tugenden, die wir anstreben, ist der Gleichmut (nicht die Gleichgültigkeit), der uns im Gleichgewicht und in der Mitte hält zwischen himmelhochjauchzend und zu Tode betrübt, Euphorie und Depression.

Unser ganzes Streben muss sich in der Mitte bewegen, sonst werden wir weltfremde Asketen oder verweltlichen total in sinnloser Völlerei.

Wenn wir uns geistig ausrichten, hören wir auf, alle trends und Verrücktheiten der Welt mitzumachen; aber ohne das jedermann auf die Nase zu binden. Es ist besser, in gewissem Umfang wohlwollende und nachsichtige Mitspieler zu sein als abgestempelt zu werden als Sonderling und Spaßverderber.

Es hat etwas zu bedeuten, dass wir gerade jetzt inkarniert sind in ein Zeitgeschehen hinein, das besonders materiell und aus der Mitte ist. Der Zeitgeist hat mit Profitgier, Ausbeutung, Umweltvernichtung und Konsumwahn zu tun. Wir können uns da nie ganz ausklinken, würden alle anderen vor den Kopf stoßen damit und würden uns total isolieren.

Also nehmen wir teil am Angebot der Medien, am Autofahren, an Flugreisen und am Konsumieren. Aber wir müssen nicht täglich fernsehen oder ständig im Internet surfen, wir müssen kein 200 PS-Auto fahren, wir müssen kein Fleisch aus Massentierhaltung kaufen und auch keine Textilien, die wir nicht brauchen, nur weil sie billig sind – auch keine Kosmetika, denen

Tierversuche zugrunde liegen. Jeder ist gefragt, seine eigene Mitte zu finden. Das geht bei kleinem Einkommen genauso, als wenn man über viel Geld verfügt. Es hat spirituelle Meister gegeben, die sehr arm und andere, die sehr reich waren, und sie haben beispielhaft vorgelebt, wie man weise und segensreich im Wohlstand oder in der Bescheidenheit leben und wirken kann.

Der geistige Weg ist ein Weg des Lassens. Lassen ist Entsagen, aber das hat nichts zu tun mit Selbstkasteiung, mit Herumlaufen in Schutt und Asche, mit ausschließlicher Körnerfresserei und Auferlegung des Zölibats per Verordnung.

Wenn wir lassen und entsagen, tun wir das absolut freiwillig, bewusst und aus der Erkenntnis heraus, dass nur das uns hilft, uns unserem Ziel zu nähern.

Deshalb tun wir, was wir tun, mit Freude, wir tun es Schritt für Schritt und ohne uns zu überfordern.

Gelassene Heiterkeit ist der richtige Ausdruck für den Gemütszustand, der uns in allen Situationen in unserer Mitte hält.

Wer die Welt ändern will,
muss sich selbst ändern

Wir machen fast alle die Erfahrung, dass es uns nicht möglich ist, unsere Mitmenschen zu ändern.

Auch die nicht, die uns besonders nah und lieb sind, Kinder, Partner, Freunde, Geschwister. Im Gegenteil – wenn wir Druck und Zwang anwenden, wenn wir auf Änderung herumreiten oder bestehen, verschlechtern sich unsere Beziehungen. Häufig ist das dann die Ursache für Trennungen.

Was wir tun können, beschränkt sich auf Vorleben, auf Beispiel und Liebe. Auch dann, wenn das nicht überall auf fruchtbaren Boden fällt.

Wir müssen akzeptieren, dass auch unser Bestes eventuell keine Anerkennung findet oder sogar Misstrauen, Ablehnung oder Aggression auslöst. Jesus Christus, Buddha und andere große Geister, sind kritisiert und verkannt worden – auch verfolgt, verbrannt und gekreuzigt worden.

Die gute Nachricht ist – unserer eigenen Veränderung sind keinerlei Grenzen gesetzt. Allerdings nur, wenn wir absolut selbstkritisch und unnachgiebig mit unserem Ego umgehen. Mit Nachgiebigkeit ist da nichts zu erreichen. Es ist der Kampf Davids gegen Goliath – alle Kräfte dieser Welt stellen sich gegen uns. Der Kampf ist nur durch Kraft und Willensstärke, durch Liebe zum Allerhöchsten zu gewinnen. Erst und ausschließlich die Zerstörung des niederen Selbst führt zu dem einzigen Sieg, der erstrebenswert ist.

Die zweite gute Nachricht ist: Es genügt vollkommen, wenn wir nur uns selbst ändern. Wir bewirken damit mehr als alle Weltverbesserer.

Wer sich selbst erkannt und überwunden hat, so sagen die Meister, hat eine positive Ausstrahlung auf Millionen Menschen – als Beispiele seien Jesus oder Buddha genannt.

Und – wer von uns seriös und mit Ausdauer auf dem Weg ist, wird auch irgendwann Tausende seiner Umgebung mit der gleichen Ausstrahlung erreichen. So ist es! Unsere Veränderung zum Guten bewirkt auf subtile Weise Weltveränderung.

Ohne Reinigung kein geistiger Weg

Die Entscheidung, einen geistigen Weg einzuschlagen, ist eine freiwillige Selbstverpflichtung zu vollkommener Selbsterkenntnis und Reinigung und damit zu bewusst gewollter Auflösung der derzeitigen selbstbewussten Persönlichkeit.

Wenn wir den Weg der Wahrheit und der Liebe gehen wollen, müssen wir uns logischerweise von allem befreien, was mit Liebe und Wahrheit nicht vereinbar ist.

Reinigung, das ist die Überwindung der eigenen Charakterschwächen und Negativismen, die vielfältig in uns „eigentlich ganz ordentlichen Menschen" wohnen.

Mit einer solchen Überzeugung offenbaren wir sogleich den allgemeinen Mangel an Selbsterkenntnis.

Der 3x große Trismegistos hat es vor vielen tausend Jahren bereits auf den Punkt gebracht: „Der Mensch ist von Natur aus böse." Die Aussage ist niederschmetternd. Sie erweckt Widerspruch, und wir machen uns auf, das zu analysieren. Und was stellen wir fest? Dass wir voll dabei sind bei der langen Liste menschlicher Schwächen und Untugenden: Gier, Hass, Eifersucht, Neid, Geiz, Launenhaftigkeit, Jähzorn, Geschwätzigkeit, Fanatismus, Selbstdarstellung, Arroganz, Ignoranz, Intoleranz, Faulheit usw.

… die Aufzählung ist schier endlos. Ein bisschen von allem und jedem lebt auch in uns, vielleicht sogar ein bisschen mehr als nur ein bisschen.

Das alles mag „normal und menschlich" scheinen – gut ist es offenbar nicht, denn sonst wäre die Welt in einem anderen Zustand.

Erst der Prozess der Selbstüberwindung oder besser der Selbstbemeisterung macht uns zum wahren Menschen, führt uns sogar darüber hinaus in die Einheit mit dem Göttlichen.

Diesen Prozess bewirkt die Reinigung, die uns öffnet für Liebe und Erkenntnis und für den Sinn und das Ziel des Erdenlebens.

Versuchungen und Prüfungen

Es sind die bestandenen Prüfungen, die die Erlösung bringen.

„Wie oben, so unten" heißt es in der Hermetik dazu – also nicht nur in der Schule, sondern auch auf dem geistigen Weg.

„Eine Prüfung", so kommentierte einst mein Meister, „die mit Freude oder Leid und Erfahrungen – gleich welcher Art – verbunden ist, darf uns weder in die Euphorie noch in die Verzweiflung driften lassen, soll also weder zu Übermut und Leichtsinn, noch zu Selbstmitleid und Depression führen. Sie will erkannt, analysiert und aufgearbeitet werden. Sie muss akzeptiert werden, bevor Veränderung eintreten kann."

Wenn wir mit felsenfestem Entschluss auf dem Weg sind, bitten wir sogar die geistige Welt um Versuchungen und um Prüfungen. Die zeigen uns exakt, woran wir arbeiten müssen und helfen uns, voranzukommen.

Auch gerade, wenn es dicke kommt, gilt immer der tröstliche Satz: „Wen die Götter lieben, den prüfen sie."

Im Laufe der Zeit, wenn wir uns fortlaufend reinigen und immer wacher werden für das, was innerlich und äußerlich gerade abläuft, bestehen wir die Prüfungen immer schneller und gelassener.

Und irgendwann sind sie dann weitgehend überflüssig.

Hochmut und Demut

Man weiß ja, dass man hochmütig ist. Wir alle sind das. Doch wenn mein Meister ein paar Worte an die „Hochmütigen in der Runde" richtete und in unsere Richtung blickte, dann haben wir uns umgeschaut, wen er da wohl meinen könnte. So ist das! Hochmut ist Blindheit, ist blinder Intellekt, ist Selbstsucht, Ignoranz, Arroganz, Rechthabenwollen und Besserwisserei.

Und immer und ewig gilt die Wahrheit: Hochmut kommt stets vor dem Fall. Die gegenwärtigen globalen Niedergangszeiten könnten nicht drastischer sein. Profitgier, Konsumrausch, Maßlosigkeit, Umweltzerstörung, Waffenwahn, Ausbeutung, Machtgier, Fanatismus usw. werden allgemein ausgelebt oder hingenommen in blinder Ignoranz, d. h. in allgemeinem Nichtwahrhabenwollen dessen, was wir tun und anrichten – jeder einzelne von uns. Wäre das nicht so, gäbe es keinen Hunger, keine Umweltvernichtung, keinen Krieg und keinen Konsumwahn, keine Tierversuche und keine Massentierhaltung. „Nach uns die Sintflut" – so verhalten wir uns und sind damit schon wieder in der Ignoranz. Die zukünftigen Generationen, denen wir das zumuten, das sind wir selber, wenn unser Karma uns in die Verantwortung nimmt, also in künftige Re-Inkarnation auf einer in vieler Hinsicht verwüsteten Erde.

Das alles darf keine Rechtfertigung sein für Depression und Nichtstun. Wir wollen da raus und wir können da raus, jeder einzelne von uns, der sich dazu entschließt.

Man besiegt den Hochmut, wenn man der Situation vollkommen gewahr ist. Im Gewahrsein äußert sich der Hochmut nicht mehr, ist nur noch latent vorhanden. Wir sind immer dann

Regisseur, wenn wir den Moment – jeden Moment – bewusst wahrnehmen. Beobachter und Handelnder in uns sind dann in Übereinstimmung.

Gewahrsein ist bewusste Wahrnehmung durch die Sinne, wird im Herzen gefühlt und erst danach im Verstand vernünftig interpretiert, wobei das Herz die Oberhand behält. So hören wir zu, nehmen an, akzeptieren das andere Bedürfnis, die andere Sichtweise, auch wenn sie noch so unterschiedlich zur unsrigen ist. Das Hineinfühlen in den anderen lässt uns erkennen, warum der nur so und nicht anders handeln kann.

Wir machen uns nicht lustig darüber, reagieren weder zynisch noch herablassend, empören uns nicht und belehren grundsätzlich nur, wenn wir darum gebeten werden.

Eine solche Haltung führt zum allmählichen Verbrennen von Hochmut im Bewusstsein und damit in die Demut.

Demut heißt nicht, dass wir übereinstimmen müssen mit der Welt. Als Schüler auf dem geistigen Weg sind wir der Wahrheit verpflichtet, sagen klar unsere Meinung und stellen die Dinge richtig, falls erforderlich. Allerdings ohne Emotionen und ohne Überzeugungsdruck unsererseits – möglichst gleichmütig. Und wenn uns Ablehnung, Dummheit oder Brutalität begegnen, ziehen wir uns freundlich zurück.

Die Meister sagen: „Demut ist Gewahrsein – ist Liebe".

Demut löst unsere Erwartungshaltungen auf gegen alles und jeden.

Gelebte Demut ist kraftvolles Polarisieren im hermetischen Sinne; d. h. in die Gegenkraft zu gehen, wenn uns Aggression, Neid, Missgunst, Eifersucht entgegenkommt. Wir begegnen dem mit der Gegenwelle, mit segnen, ausgleichen, lieben, mitfühlen. „Auge um Auge, Zahn um Zahn", dieser üblichen

Haltung der Welt erteilen wir, was uns betrifft, die Absage.

Demut entspricht dem göttlichen Prinzip.

Demut ist nicht von heute auf morgen erreichbar. Sie wächst mit der Entwicklung der positiven Seiten in uns: Verständnis, Mitgefühl, Geduld und Selbstbeherrschung.

Je selbstbewusster, gebildeter, erfolgreicher wir im äußeren Leben sind, je reicher, schöner, berühmter, gesunder, desto weniger Antrieb zur Demut lebt möglicherweise in uns. Dazu sind wir allesamt voller falscher Vorstellungen. Darin drücken sich dann Vorurteile, Kritik, Besserwissen und Rechthabenwollen aus, wodurch der Mangel an Verständnis, Güte und Liebe offenbar wird.

Demut ist der Versuch, stets das Göttliche im Gegenüber zu sehen und den in der Regel überwiegenden Egoanteil neutral hinzunehmen. Also ohne Kritik oder mühsames Erdulden, sondern nachsichtig und wohlwollend, so wie wir das mit unseren Kindern und Haustieren meistens ganz selbstverständlich tun.

Die Annahme der Gegenwart Gottes in allen Geschöpfen – und sei diese Gegenwart auch noch so verborgen – erzeugt zwangsläufig Demut in uns und verhindert Chaos im Gegenüber.

Auch der Mut, uns verletzbar zu machen, indem wir uns offen, ehrlich, authentisch und ohne Berührungsängste zeigen, führt raus aus dem Hochmut.

Es ist Demut, wenn wir die Kraft und die Geduld und damit die Liebe aufbringen, all dieses vorzuleben statt vorzusagen.

Widerstand

Das ist die Egofacette, die neben dem Phlegma ein großer Verhinderer von Ent-Wicklung und Veränderung ist.

Widerstand gegen alles und jedes, was mein Ego als Einschränkung betrachtet:

Den Gedanken: Dein Wille geschehe! Jede Einmischung und Kritik von außen.

Alles, was die eigene Vorstellung infrage stellt.

Alles, was in die Einsicht und Selbstveränderung führt. Alles, was an Gewohnheiten rüttelt.

Alles, was die Eitelkeit oder den Stolz verletzt. Alles, was Angst und Unbehagen einflößt.

Alles Neue und alles Fremde.

Die Liebe, sobald sie Opfer verlangt.

Die Wahrheit, sobald diese schmerzhaft ist. Teilen.

Und so behauptet er sich: Mir kann keiner.

Ich weiß es besser. Ich habe das letzte Wort. Ihr müsst mich nehmen, wie ich bin.

So hebbt wie dat jümmers mokt.

Für mich ist das Beste gerade gut genug. Wenn ich hab´, geb´ ich. Aber wann hab´ ich?

„Du weißt es nach wie vor besser und willst immer noch rechthaben in jeder Auseinandersetzung" klingt mir noch heute die Stimme meines Meisters in den Ohren. „Du willst siegen und Widerstand leisten. Es mag sogar sein, dass du oft „recht" hast oder „im Recht" bist – aber solange du darauf bestehst, zu siegen oder rechtzuhaben, bleibt dir der größte Sieg vorenthalten – der Sieg über dich selbst!"

Eine Welt voller Unwahrheit

Wenn wir uns für die Wahrheitssuche entschieden haben, lernen wir bald, dass die Wahrheiten unserer Welt, wenn überhaupt, nur relative Wahrheiten sind, und dass es so etwas wie absolute Wahrheit gar nicht gibt.

Und – was viel schlimmer ist: Die Welt fühlt sich sauwohl in der Unwahrheit. Sie will regelrecht belogen werden.

Und wir alle machen das mit; denn Wahrheit ist unbequem, fordert uns auf zu Veränderungen an und in uns, zu denen wir nicht bereit sind.

Nur die Ignoranz – individuelles und allgemeines Nicht-wahrhabenwollen von Ursache und Wirkung – ermöglicht Krieg, Hunger, Umweltzerstörung, Verschwendungswahn, Massentierhaltung und soziales Elend in immer größerem Ausmaß.

Auch fließen in alles, was Menschen zum Ausdruck bringen, persönliche Vorstellungen ein. Die Meister sagen uns dazu, dass alle unsere Vorstellungen falsch sind, und dass alles Geschriebene einschließlich der heiligen Schriften der Religionen mitbetroffen ist.

Vorstellungen sind Konzepte des menschlichen Verstandes, der die Aufgabe hat, den Körper zu schützen und ihn mit allem zu versorgen, was er zum Leben und Überleben braucht. Also verschafft er dem Körper Annehmlichkeiten und versucht, ihm Unannehmlichkeiten und Unbequemes vom Hals zu halten. Er überhört dabei weitgehend die innere Stimme, die ihm Intuition und Unterscheidungsvermögen anbietet und macht sich zum Sklaven des Ego mit seiner Gier nach ständiger

Wunscherfüllung, obwohl die Folgen möglicherweise negativ oder zerstörerisch sind.

Auch Erkenntnisse moderner Wissenschaft sind letztlich Produkte eines auch mit höchstem Intelligenzquotienten immer noch begrenzten und zwiegespaltenen Verstandes, der über sinnliche Wahrnehmungen und relative Wahrheit nicht hinaus kann und will.

Lüge und Unwahrheit triumphieren allerorten. Alles ist ausgerichtet auf Machterhalt, Profit, Bewahrung und Mehrung von Besitz und Vorrechten, Amüsement, Wunscherfüllung, Gier nach Annehmlichkeiten und Angst vor Verlust und Unannehmlichkeiten.

Die Lüge ist subtil, hinterhältig, allgegenwärtig. Sie umgibt uns. Wir wollen geradezu belogen werden und lassen uns manipulieren durch Werbung, Medien, Sport, Politik usw.

Bei Gesetzen, Gutachten, Gerichtsurteilen geht es oft weniger um Wahrheit oder Gerechtigkeit, dagegen mehr um die Wahrung bestimmter Interessen und „juristisch korrekte" Auslegung.

Kleine und große Unwahrheiten durchziehen unser Leben in Familie, Gesellschaft und Öffentlichkeit in allen Bereichen. Unsere gesamte Umgebung verführt uns immer wieder zu eigenen Unwahrheiten und zur Akzeptanz der Lügen anderer.

Und dann gibt es noch die Selbstdarstellung, von der die Meister sagen, sie sei die verbreitetste und größte Lüge. In sehr vielen Fällen wird sie als unwahr erkannt und erhält doch den Applaus der Welt.

Ganz allgemein lässt sich sagen: Irren ist menschlich, und alles Streben ist immer auch mit Irrwegen behaftet und fehlerhaft. Das gilt sogar für unsere spirituellen Vorstellungen; allerdings sind seriöse spirituelle Konzepte heilsam, weil sie uns in die richtige Richtung „programmieren" – raus aus der Selbstsucht, raus aus der Dualität in Richtung Einheit, durch Reinigung, Lassen und Bemühen um richtiges Handeln - in Richtung Wahrheit.

„Nicht der Weg ist schwer,
das Schwere ist der Weg" *(Kierkegaard)*

Dieses sogenannte Schwere, was ist das nun eigentlich?

Eine grundsätzliche Antwort lautet: Das Schwere ist immer die spontane Zurücknahme des eigenen Wollens, der eigenen Interessen und Bedürfnisse hinter das, was der Augenblick uns abfordert.

Ein Beispiel: Auf dem Weg ins Theater sehen wir eine angefahrene Katze, die am Straßenrand zu verbluten droht. Wir halten an, tragen sie ins Auto und bringen sie zum Tierarzt, was uns am Samstagabend vor einige Probleme stellt. Wir verpassen das Theater, beschmutzen Kofferraum und Anzug und werden beim Arzt locker 100 € los – was erst der Anfang ist; denn morgen müssen wir die Katze wieder abholen und irgendwas mit ihr und für sie tun. Wir bekommen vielleicht Probleme mit unserer Begleitung, die nur den ruinierten Abend sieht und vielleicht aufhört, Freundin zu sein.

Das wäre ein kleines Beispiel einer Entscheidung für das Schwere am Weg, barmherzig – also spontan – zu helfen und dabei alle inneren und äußeren Widerstände zu überwinden.

Die Belohnung allerdings ist ein großartiges Gefühl im Herzen, das sich dann einstellt, wenn wir es richtig gemacht haben. Die Alternative dazu – abgesehen von der karmischen Belastung verweigerter Hilfeleistung – wäre ein schaler Theaterabend mit schlechtem Gewissen.

Den Egomanen, Choleriker, Phlegmatiker, Feigling usw. in uns in einer gegebenen Situation nicht zu übersehen, die Sau nicht rauszulassen, uns zu stellen, mutig und in Übereinstimmung mit unserem Ziel zu handeln – das ist immer wieder das Schwere.

Eigene Vorstellungen infrage zu stellen, auf Selbstdarstellung und Rechthabenwollen zu verzichten, immer unser Bestes geben zu wollen unter Beachtung dessen, was der andere braucht, das ist ständig Teil des Schweren am Weg.

Uns auszuklinken aus der allgemeinen Hypnose des „Mainstreams", der Trends, des „Must have", der nicht nachlassende Wille, wach zu sein – ist ebenfalls nicht leicht.

Ein Geschenk nicht anzunehmen, wenn wir damit verpflichtet oder gekauft werden, wenn also Erwartungen gleich welcher Art damit verknüpft sind – das fällt vielen schwer.

Gott in allen Wesen und Erscheinungen der Welt zu sehen, auch im Dunklen, Hässlichen und Kriminellen – ist das besonders Schwere am Weg.

Bei all diesen Anstrengungen frei von Missionieren-wollen und Kritik zu bleiben, bewusst im Hintergrund oder unerkannt zu bleiben bei allem Helfen, Beten, Meditieren – auch das ist schwer.

All dieses und noch viel mehr gehört zu dem Schweren am Weg. Das allerdings wird von Sieg zu Sieg über uns immer leichter und löst sich in beständige Freude auf, wenn der innere Widerstand nach und nach schwindet.

„Widerstehet nicht dem Übel", so sagen die Meister. Dann wird das scheinbar Schwere zum Segen.

Die Ursache des Unvermeidlichen ist die Ignoranz

Dieser Satz von Sri Nisargadatta berührt die Grundsituation des allgemeinen Zustandes von Welt und Gesellschaft.

Die Ignoranz ist das NICHT WAHRHABEN WOLLEN der Ursachen von Krieg, Hunger, Elend, Krankheit, seelischer Verwahrlosung, Verrohung, Korruption usw. und führt zu immer mehr davon und zwar auf allen Ebenen – von der Weltpolitik bis zur persönlichen Auseinandersetzung.

Rechthabenwollen, Profitgier, Machtanspruch, Waffenproduktion und –handel, Lobbyismus, Konsumvergötterung, Schnäppchenjägerei und vieles mehr gehört zu den Ursachen des Unvermeidlichen.

Auf dem geistigen Weg geht es darum, die eigene Ignoranz aufzudecken und zu eliminieren, das Ego, den großen Verhinderer von Liebe und Wahrheit.

Ignoranz ist Hochmut – das Gegenteil von Demut. Sie belässt uns im eigenen Saft und verhindert wahren spirituellen Fortschritt.

Die Ignoranz macht uns blind für das, was wir anrichten, wenn wir nur mit eigenen Wünschen, Vorstellungen und Zielen beschäftigt sind.

Sie verhindert Selbsterkenntnis und Entwicklung.

Fanatismus

Alles in uns, was andere gegen ihren Willen zu unserer Ansicht bekehren will, ist Fanatismus; und jede Form von Missionieren gehört dazu.

Fanatismus, in welcher Verkleidung auch immer, wird besonders häufig im Namen Gottes verübt, ist aber das Gottloseste, was es gibt. Die Geschichte ist bis heute voll von Greueltaten, Krieg und Terror, Hass und Verfolgung durch Anhänger „allein seligmachender" Religionsgemeinschaften. Wer nicht glaubt, was sie glauben, wird bekämpft, verleumdet, niedergemacht.

Dazu ist Fanatismus überaus ansteckend. Die Ursachen liegen in falschen Vorstellungen und Vorurteilen, die in uns leben. So gelingt es charismatischen Anführern und Predigern immer wieder, die Massen mit ihrem Gedankengut zu vergiften und zu Gewalt und Trennung zu verführen.

Fanatismus durchzieht alle Lebensbereiche, weil es überall Menschen gibt, die bereit sind, mit Aggression und Druck ihre Meinung durchzusetzen. In den Familien wie im Beruf, beim Sport, in den Medien und am Stammtisch begegnen wir dem alle Tage.

Auf dem geistigen Weg setzen wir uns auch mit den subtileren Erscheinungen dieser Struktur auseinander, mit dem Herumreiten auf Prinzipien, mit Rechthabenwollen und Besserwissen, Selbstkasteiung, Askese usw. Es ist eben immer von allem die Mitte, die das Extreme vermeidet.

Die folgenden Beispiele erinnere ich aus meiner spirituellen Schulung:

Der Meister hatte nach einer geleisteten Arbeit eine Gruppe Handwerker zum Mittagessen in die Dorfkneipe eingeladen, und ich war auch dabei. Die Männer bestellten tapas und Fleisch, und worauf sie sonst noch Appetit hatten. Ich wollte für den Meister und mich ein fleischloses Gericht bestellen, orderte aber aufgrund eines sprachlichen Missverständnisses Kaninchen. Als der Kellner das Essen servierte, versuchte ich, die Bestellung rückgängig zu machen unter Hinweis, dass wir kein Fleisch essen würden. Das klang dann sowohl für den Kellner als auch für die eingeladenen Arbeiter so abgehoben und befremdlich, dass die gute Stimmung am Tisch in Gefahr schien. Mein Meister neigte sich zu mir und sagte leise:

„Wo ist das Problem? Wir segnen das jetzt in aller Stille und essen es dann mit gutem Appetit." So geschah es. Geschmeckt hat es auch und natürlich überhaupt nicht geschadet. Die Stimmung blieb gut!

Ein Schüler berichtete von einem Problem mit Ameisen im Haus, das jeden Tag größer werde, da er es ablehne, Tiere zu töten. Sie würden wohl ausziehen müssen.

Der Meister nannte ihn freundlich einen Überzeugungsfanatiker und forderte ihn auf, die Grundsätze von Unterscheidungskraft und Verhältnismäßigkeit zu beachten. „Natürlich darfst du dich einer Plage erwehren. Du machst jetzt folgendes, forderst die Tiere mehrfach – mindestens 3x – auf, den Ort zu verlassen, an dem sie als Plage betrachtet und entsprechend bekämpft werden würden. Dazu segnest du sie und wünschst ihnen alles Gute für ihre weitere Entwicklung an einem für sie richtigen Ort. Wenn sie dann nicht weichen, tust du, was getan werden muss, ohne dich und deine Familie ins Chaos zu bringen."

Der Meister hatte mir geraten, auf Alkohol ganz zu verzichten, mit dem Hinweis auf die Nachteiligkeit für meine Meditation.

Daraufhin hielt ich einem befreundeten Mitschüler, für den das tägliche Gläschen Wein eine angenehme Selbstverständlichkeit war, dasselbe Argument unter die Nase. Der wiederum wollte es genau wissen und sprach seinerseits den Meister darauf an; worauf dieser sagte: „Dein Freund ist ein Fanatiker. Heißt es doch, dass Jesus Wasser zu Wein gemacht hat und nicht umgekehrt, oder?" Das wiederum teilte die Frau dieses Freundes mir genüsslich mit. Das saß aber!

Ich schluckte mein Aufbegehren runter und zog mir den Fanatiker an. Mir wurde einiges klar – auch über mich! Jeder ist an einem anderen Punkt, jeder hat ein anderes Lernprogramm und eine eigene Reihenfolge. Und der Fanatismus wiegt schwerer als das Gläschen Wein!

Die Maßstäbe, die wir setzen für wünschenswerte Veränderung, gelten immer nur für uns, nicht für unsere Umgebung. Wir wollen und können die anderen nicht ändern.

Einzig mit uns selbst dürfen wir streng und unnachgiebig sein – solange wir dabei in unserer Mitte bleiben und mit Freude und heiterer Gelassenheit bei der Arbeit sind. Wenn wir nämlich schlechtgelaunt und mürrisch auftreten, haben wir irgendetwas noch nicht richtig verstanden. Die gelegentliche Exkursion und Ausnahme von der Disziplin muss möglich bleiben, uns selbst und der Welt zuliebe und als Absage an alles, was fanatische Züge hat.

„Ehrgeiz ruft Neid hervor und tötet die Güte des Herzens"

Es war Vivekananda, der große Schüler von Ramakrishna, der vor über 100 Jahren diesen Zusammenhang klarstellte. Wie wahr diese Aussage ist, lässt sich überall beobachten.

Der Ehrgeizige beneidet die Erfolgreichen und will ein Stück von dem Kuchen, der „da oben" verteilt wird, abhaben, häufig ohne Rücksicht auf alles, was er dabei anrichtet.

Im krassesten Fall geht er über Leichen, um sein Ziel zu erreichen. Und die weniger Erfolgreichen beneiden den Aufsteiger, zerreißen sich die Mäuler über ihn und basteln, wenn sie können, an seinem Absturz.

Die ehrgeizige Ambition des einen erweckt im Umfeld weitere Negativismen, mit denen andere Beteiligte zu tun haben.

So entstehen Eifersucht und Neid in normalen Familien, wenn ein Kind Mamas Liebling ist oder sein will. So kommt es zum Mobben, Unterdrücken und Ausgrenzen in Schule und Beruf. Das wird gefördert durch Erziehungsstrukturen, Ausleseverfahren, Eliteschulen, Raubtierkapitalismus, Machtpolitik, Nationalismus.

Die Folgen sind weltweit unübersehbar. Überall, wo Selbstsucht und Gier der Umwelt den Stempel des erfolgreichen Stärkeren aufzwingen, offenbart sich nicht der Mensch im Menschen, sondern das Tier im Menschen.

Als Suchende auf dem geistigen Weg werden wir irgendwann aufhören, uns selbst zu Lasten anderer Vorteile zu verschaffen. Wir werden sicherlich weniger erreichen in dieser Welt, als wir könnten – den sich entwickelnden Menschen in uns wird es aber fördern. Dabei setzen wir uns durchaus ein hohes Ziel, genau genommen sogar das höchste überhaupt, das ein Mensch erreichen kann – die Befreiung der Seele.

Ein erhabenes Anliegen! Wir machen es richtig, wenn unser Streben mit Vertrauen, Freude und Demut erfüllt wird. Wir machen etwas falsch, wenn wir Erwartungen voller Ehrgeiz zulassen. Und noch weniger richtig, wenn wir auf irgend jemandes spirituellen Stand oder Fortschritt neidisch sind.

Wir geben unser Bestes zur Erreichung des Zieles. Wann aber und was wir überhaupt erreichen, hängt wohl auch vom eigenen Einsatz ab, ist aber immer mit Gnade verbunden und liegt nicht in unserer Hand.

Trägheit

Phlegma ist ein weiteres verbreitetes und großes Hindernis für unsere Ent-Wicklung.

Fast jeder bemerkt an sich Dinge, die er ändern sollte/könnte/ müsste; fast jeder hat immer mal gute Vorsätze.

Doch die Macht der Gewohnheit, der Mangel an Disziplin, die fehlende Willenskraft und unser ganzes Umfeld verhindern in der Regel die Veränderung.

Noch so gute Vorsätze und noch so klare Erkenntnisse nützen nichts, wenn uns die Kraft der Umsetzung fehlt.

Wenn es uns gut geht, wenn alles läuft und wir eigentlich die Kraft für etwas Neues hätten, weil wir gesund sind, weil Arbeit und Privatleben sich gerade erfreulich gestalten – ändern wir nichts. Warum sollten wir? Ist doch alles paletti!

Erst, wenn wir krank und unglücklich sind, dem Tod ins Auge blicken, wenn uns ein Schicksalsschlag trifft, ein geliebter Mensch uns verlässt – wenn wir verlieren, wofür wir gearbeitet und gelebt haben, wenn wir unzufrieden und frustriert sind – dann werden wir vielleicht irgendwann reif für Einsicht und Veränderung, und wir nehmen uns das eine oder andere fest vor.

Nur – sobald es uns wieder besser geht, geraten die guten Vorsätze prompt schnell in Vergessenheit.

Das gilt auch für die Ausrichtung auf den geistigen Weg. Unsere Seele – wenn sie denn soweit ist - schreit nach Veränderung. Wir überhören den Schrei. Die Zeichen sind untrüglich: Depression, Unzufriedenheit, Unglücklichsein. Und die ständige Suche nach etwas Neuem und Anderen. Nach was nur?

Und statt im Inneren suchen wir lange – vielleicht seit vielen Inkarnationen – im Äußeren. Wir suchen Ruhm und Erfolg, Eroberung und Einfluss, dazu immer neue Befriedigung immer neuer Wünsche – um immer wieder festzustellen: „Das kann doch nicht alles gewesen sein!" An diesem Punkt schieben wir dann dem Partner oder den Umständen die Schuld in die Schuhe und begeben uns wieder mal auf die Suche nach Neuem.

Tatsächlich aber sind dauerhaftes Glück und Frieden nur in unserem Inneren zu finden. Aber selbst, wenn wir das bereits wissen und erfahren haben, begleiten schwacher Wille und Trägheit uns in alle Ewigkeit, wenn wir nicht die Anstrengung machen, uns schrittweise davon zu verabschieden.

Solche Rückfälle klingen dann etwa so: „Eigentlich wollte ich meditieren, aber dann haben mich die Tasse Kaffee, der Telefonanruf, das Fernsehprogramm, die Forderungen von Familie, Hobby usw. wieder mal davon abgehalten – und dann war es zu spät. Oder: Eigentlich wollte ich den versprochenen Krankenbesuch machen, aber dann kam die Einladung ins Kino und so wurde nichts daraus.

Irgendwann ist es dann wirklich zu spät. Wir haben wieder mal eine Inkarnation nicht genutzt.

Trägheit besiegt man mit Entschluss, mit klarem Setzen von Prioritäten – in diesem Fall zugunsten der geistigen Arbeit und dem Dienst am Nächsten – und mit Willenskraft. Parallel dazu sind wir aufgefordert, nicht fanatisch aufzutreten, Verständnis zu haben für die abweichenden Sichtweisen und die gänzlich andere Ausrichtung des Umfeldes.

Eine der Mitbegründerinnen von Findhorn mit einem übervollen Tagespensum an Pflichterfüllung gegenüber Familie und Findhorn-Gemeinschaft fand nur spät nachts Zeit und Ruhe für

Meditation und geistige Arbeit. Und das mit Bedürfnis und Freude und regelmäßigem Sieg über die Müdigkeit. Soviel Disziplin bringt nicht jeder auf.

Doch mit der Zeit – mit Übung, Selbstbeobachtung und Reinigung wachsen die Kräfte und irgendwann ist es dann soweit, dass Phlegma kein ernstes Thema mehr ist.

Wir müssen dranbleiben, dann bekommen wir alle Hilfen durch die geistige Welt. Kraft, Energie und Wachheit werden im Laufe eines ernsthaft beschrittenen Weges unaufhaltsam zunehmen.

Partnerschaft und Sexualität

„ Wenn zwei oder mehr
in meinem Namen versammelt sind,
dann bin ich mitten unter ihnen".

(Bibelzitat)

Partnerschaft

In einer spirituell ausgerichteten Verbindung geht es darum, sich gegenseitig zu fördern und zu helfen auf dem Weg zu Bewusstwerdung, Selbsterkenntnis und liebevollem Tun. Wir sollten also dankbar sein für den Partner, der den Finger auf die Wunde legt. Der vielleicht mit seiner Nörgelei, Kritik, und Eingeschnapptheit auf unser Ego reagiert und dadurch zur unschätzbaren Hilfe wird für die Selbsterkenntnis und für die Möglichkeit, diese Inkarnation zu nutzen, um möglichst viel „abzuhaken".

Der große Vivekananda war der Ansicht, dass, wer keine Kritik ertragen kann, nicht für den geistigen Weg gerüstet ist. Jede Kritik, ob berechtigt oder unberechtigt, sollte immer in die Selbstüberprüfung führen, ob und was wir verändern können, um diese Kritik in Zukunft auszuschließen.

Solange wir nicht unabhängig sind von Lob und Tadel, solange wir unter der Kritik anderer leiden, können wir Wahrheit nur annehmen, wenn sie uns mit Liebe und Verständnis und im richtigen Moment vorgehalten wird. Umgekehrt schulden wir diese Liebe und dieses Verständnis nicht nur dem Partner, sondern auch allen anderen, wenn der oder die nicht so weit sind, Kritik zu ertragen. Wenn wir Toleranz und Geduld nicht aufbringen, führt der Weg leicht in die Trennung, anstatt in die Harmonie und Einheit.

Für unsere eigenen Anstrengungen kann es durchaus hart werden und oft wehtun, wenn Partner und Umfeld gar nicht bemerken wollen, dass wir daran arbeiten, uns zu ändern. Auch unsere Fortschritte nicht honorieren, aber sofort aufschreien, wenn unsere alten Muster sich nochmal im Ansatz zeigen.

Selbstverständlich kann der Partner einen anderen, ganz eigenen Weg wählen, oder sich auch gegen geistige Ausrichtung entscheiden. Wenn genug Liebe da ist und gegenseitige Toleranz, hält die Partnerschaft dem stand. Wenn nicht, ist eventuell eine möglichst friedliche Trennung unvermeidbar.

Für fortgeschrittene Paare gleicher Ausrichtung gilt die sehr hohe Anforderung: „Aufbrechen und Aufbrechen-lassen". Aber nicht mit Härte und Emotionen. Vorrangig geht es immer darum, dem anderen Liebe und Verständnis entgegenzubringen und ihm Freiräume zu lassen.

Im Idealfall finden sich zwei oder mehrere, die dazu bereit und soweit fortgeschritten sind, dass Selbsterkenntnis und Überwindung der Egostrukturen absolute Priorität haben und dadurch die Kraft aufbringen, Kritik von außen als Hilfe für diesen Prozess zu begrüßen und auf den Reflex der Retourkutsche zu verzichten. Das wäre dann die wünschenswerte Ideal-Situation, um uns gegenseitig in unserer Ausrichtung zu fördern statt zu behindern.

Wir können uns offen austauschen über spirituelles Erleben, uns gegenseitig wach machen, auftauchende Krisen gemeinsam meistern. Und wir haben es leichter mit dieser gewissen Abgeschiedenheit, die sich einstellen kann auf dem Weg und viel schmerzhafter ist, wenn wir auf uns allein gestellt sind.

Das ist dann so eine Konstellation, von der Jesus Christus gesagt hat:

„Wenn zwei oder mehr in meinem Namen versammelt sind, dann bin ICH mitten unter ihnen."

Sexualität

Das höchste Kraft- und Schöpfungspotential, das uns Menschen gegeben wurde, liegt im Sexualchakra.

Die Meister sagen, dass in diesem Chakra der Heilige Geist wohnt. Es ist demnach eine heilige Kraft, mit der wir es da zu tun haben. Eine Kraft, deren äußere Aufgabe die Fortpflanzung ist - das Zeugen von Nachkommen in einem Akt der Liebe und der Vereinigung.

Liebe ist Einheit, die Vereinigung mit Gott unser spirituelles Ziel und die menschliche Vereinigung das Erlebnis, das uns in der materiellen Welt die höchst mögliche Einheit zwischen zwei Menschen beschert.

Sexualität ist wichtiger Bestandteil menschlichen Lebens und menschlicher Existenz.

Viele große Meister und spirituelle Lehrer waren verheiratet. Die Sufis z. B., die viele große Weise hervorgebracht haben, führen seit jeher ein Familienleben und leben beispielhaft vor, wie Familie und Spiritualität miteinander vereinbar sind.

Wie bei allem anderen auch gibt es beim Umgang mit der Sexualität von Seiten der Meister keine erhobenen Zeigefinger oder Moralpredigten. Sie sollte in vielen Leben erfahren und ausgelebt worden sein, bis wir soweit sind, sie kontrollieren und transformieren zu wollen und zu können. Allerdings werden wir als Schüler von den Lehrern an unsere besondere Verantwortung im Umgang mit dieser Kraft erinnert.

Wenn wir dann irgendwann in irgendeinem Leben die heilige Komponente der Sexualkraft für eine bestimmte Zeit oder auch für immer in der richtigen Weise erwecken und dann aktivieren, spiritualisieren und transformieren wollen, können wir das tun. Absolut freiwillig und zu einem für uns richtigen Zeitpunkt.

Vorausgesetzt, dass die von Verlangen bestimmte Seite der Kraft lange genug ausgelebt worden ist. Vorausgesetzt, dass wir klar erkannt haben, dass Verlangen die Schlüsselstruktur des Egos ist, und dass alles Begehren und Wünschen ein Teil davon ist. Vorausgesetzt, dass hinter dem Entschluss nicht unterbewusst Unerfülltes verborgen bleibt.

Und dass wir uns Exkursionen und Rückfälle gestatten, wie bei anderen Egomustern auch, wenn wir noch nicht wirklich soweit sind. Auch, dass wir gegebenenfalls noch lange auf einen Partner Rücksicht nehmen, der nicht an diesem Punkt ist.

Es gibt keine allgemein gültigen Richtlinien. Jeder ist eigenverantwortlich auf sich selbst gestellt. Selbstbestimmte Phasen der Enthaltsamkeit sind hilfreich, um uns zu zeigen, an welchem Punkt wir da sind und was uns das geben kann.

Ein wahrer Lehrer ist eine unschätzbare Hilfe für diesen wie alle anderen Bereiche spirituellen Lebens. Er wird allerdings nur die Richtung weisen, um nicht in unser Karma einzugreifen.

An eine Entscheidung für sexuelle Enthaltsamkeit dürfen wir niemals eine konkrete Erwartungshaltung knüpfen; aber wir sollten wissen, dass ein Entsagen und Opferbringen auf einer niedrigeren Ebene immer irgendwann zu einer Kompensation auf höherer Ebene führt.